개기는
인생도
괜찮다

개기는
인생도
괜찮다

오민석 지음

목차

대학 강단에 선 지도 어언 삼십 년이 됐다. 그 동안 나는 서서히 늙어왔지만 강의실에는 늘 십 대 후반에서 이십 대에 걸친 젊은이들이 앉아 있었다. 이들 중 수많은 청년과 대화를 나눴고 차를 마셨고 술잔을 기울였다. 그중에는 졸업 후에도 계속 만남이 이어져 이제는 사십 대, 심지어 오십 대 초반에 이른 제자들도 있다. 저마다 가계를 꾸린 졸업생들과 나는 이제 스승과 제자 관계가 아니라 친구 사이로 만난다. 덮을 것도 가릴 것도 없이 우리는 함께 늙어가고 있다.

대학 강단에 처음 설 무렵, 가르치던 청년들에게 나는 선생이라기보다는 큰 형뻘이었다. 그 때문인지 그들은 내게 스스럼없이 다가왔다. 그렇게 강단에서 내려와 제자들과 인격적인 관계를 맺기 시작한 이후로 이십여 년 넘게, 나는 아예 매주 금요일 저녁을 청년들과 나를 위한 시간으로 비워놓고 지냈다.

단국대학교가 한남 캠퍼스에 있었을 때 한남 오거리 주유소 뒤쪽에 '개골목'이라는 이름의 주점 거리가 있었다. 들어갈 때는 두 발로 들어갔다가 나올 때는 '개'처럼 네발로 기어 나온다고 해서 자조적으로 붙여진 이름이었다. 아마도 세상에서 가장 지저분한 술집들이 있다면 이 골목의 술집들이었을 것이다. 그리고 세상에서 가장 값싼 안주가 있는 술집들이 있다면 바로 이 골목의 술집들이었을 것이다.

그곳은 누추하고 지저분하기 이를 데 없었으나 세상에서 가장 인심 좋은 주인들이 있었고 즐거운 대화가 있었다. 바닥은 오래 묵은 때로 새카맸고, 벽지는 학생들의 낙서로 가득했다. 거적때기 같은 헝겊이 문짝을 대신하던 화장실은 여학생들에겐 경악의 대상이었다. 그러나 이렇게 지저분했던 '개골목'의 주점들은 가난한 학생들에게 가장 '편한' 공간이 돼주었다. 2000년대 초반 이 골목이 재개발로 문을 닫을 때까지 나는 매주 금요일 밤이면 '개골목'에 '거주'했고, 금요일 밤마다 이 골목에서 학생들과 무수한 대화를 나눴다.

학교가 죽전으로 이전해온 이후에도 청년들과의 만남은 끊이지 않았다. 한남동 시절부터 이어져온 수십 년의 세월 동안 젊은 세대들은 조금씩 변해갔고 그들과의 대화 내용도 조금씩 달라졌다. 그러나 대화의 큰 주제만큼은 변함이 없었다. 그것은 연애나 사랑에 관한 것이기도 했고 진로나 직업에 관한 것도 있었으며, 시국에 관련된 대화들도 있었다. 때로는 문학이 우리의 주제였고 미술의 역사나 신학 혹은 철학적 담론들로 귀가시간이 늦어지는 일이 빈번했다. 모든 대화는 청년들의 열정과 불안과 열기로 빛이 났고, 나는 내가 통과해온 청춘과 읽었던 책들, 내가 겪은 일들을 그들의 열기에 실어 깊은 대화를 나누었다. 이 책은 이 오래도록 축적된 대화의 산물이다.

보통 때와 다름없이 청년들과 밀도 있는 대화의 시간을 가진 후 집으로 돌아오던 어느 날, 문득 한 가지 생각이 스쳐

갔다. 지난 세월 강의실과 연구실에서, 주점과 카페에서 청년들과 나눴던 그 무수한 대화들을 글로 기록해보는 것도 좋지 않을까. 그러면 직접 만나지 못한 익명의 무수한 청년과도 이 대화를 함께 나눌 수 있지 않을까. 이런 생각이 결국 이 책을 쓰게 만들었다.

세기가 바뀌고 수백 년, 수천 년이 흘러도 세상에는 항상 청년들이 있다. 청년들은 늘 그 시대의 미래였으며 무언가를 준비 중이었고, 청춘의 불안에 몸을 떠는 자들이었다. 그러나 그들은 불완전해서 아름다웠으며 서툴러서 더 훌륭하게 성장하기도 했다. 최근 들어 '헬조선' '3포 시대' 나아가 'n포 시대'라는 신조어까지 생겨났다. 언어는 사회변동의 가장 민감한 지표이므로 이런 신조어들은 한마디로 지금 시대가 우리 청년들에게는 '궁핍'의 시대이며 '고난'의 시대임을 잘 보여준다. 청년들에게 던져지는 '어떻게 살 것인가'라는 질문은 과거 그 어느 때보다도 어려운 질문이고 복잡한 질문이다. 이 질문에 간단한 정답은 없다. 그러나 모든 시대의 모든 청년은 기성세대로 넘어가기 전 이런 질문과 대면했다. 그리고 이 질문에 대한 대답이 각기 그들의 인생과 미래를 결정했다.

이 책은 일방적 소통에 가까운 강단에서 내려와 청년들을 인격적으로 만나면서 시작된 것이다. 그 과정을 통해 나는 그들의 고민에 동참할 수 있었다. 그렇게 함께 고민하고 생각한 것들의 일부를 이 책에 담았다. 여기에 무언가 조금 더 추가된 게 있다면, 문단과 학계의 말석을 차지하는 인문학자이자 시인이고 문학평론가인 내가 가지고 있는 특화된 담론들일 것이다. 그러나 나는 어떤 체계적이고 교과서적인 이야기를 하고 싶지는 않다. 그리고 무엇보다도 지루한 '꼰대' 스타일의 이야기를 거부한다. 지금부터 나는 다수의 청년과 '개골목'에서 이야기를 나눴듯이 그렇게 자유롭고 편하게, 그러나 때로 절실하고 아프게 이야기를 풀어갈 것이다.

간혹 통념을 벗어나는 도전 혹은 도발적인 이야기들이 나올 수도 있다. 바라건대, 이 책이 궁핍한 시대의 우리 청년들이 살아갈 길을 모색하는 데 작은 친구가 되었으면 좋겠다. 그리고 청소년이나 청년을 자식으로 둔 장년들에게도 작은 대화의 장이 되었으면 좋겠다.

2017년 12월 7일

교동 우거에서

개기는
인생

예나 지금이나 한국에서는 여전히 공부가 최우선의 과제다. 자나 깨나 공부를 해야 하고, 공부를 못하면 인생이 망가진다고 생각한다. 유치원 때부터 대학에 들어올 때까지 그리고 요즘은 대학을 졸업할 때까지도 오직 공부와 스펙의 가시밭길을 통과해야만 한다. 나 역시 예외가 아니었다. 믿거나 말거나 초등학생 때부터 고등학교 1학년 때까지는 나도 공부깨나 한다는 소리를 들을 만큼 범생이였다.

고등학교 2학년이 되면서 문과와 이과 중 하나를 선택해야 했다. 지금 내가 시인이자 문학평론가가 된 것을 보면, 당연히 문과를 갔어야 했다. 그러나 그 어린 나이에 적성과 재능을 파악할 길이 없었고, 미래에 대한 구체적인 계획을 세울 능력도 없었다. 소위 명문대학을 나와 대기업에 취직해 잘 먹고 잘 살면 그것으로 충분하다고 생각했다. 그래서 컴퓨터가 존재하지 않았던 70년대 중반, 이과에서는 의대를 제외하고 가장 인기 있었던 전자공학과에 진학하기로 마음먹었다.

당시 내가 다니던 고등학교는 1학년 때까지의 성적을 토대로 문과와 이과에 각 한 반씩 '우수반'이라는 것을 만들어놓고 그들을 중심으로 입시지도를 했다. 문과와 이과를 통틀어 아홉 개 반이 있었으니 나머지 일곱 개 반은 소위 '보통반'으로 분류됐고, 보통반 아이들은 애석하게도 우수반 아이들의 들러리 역할을 했다. 보통반 아이들은 자기네 반을 '돌반(돌대가리반)'이라 부르며 청춘의 빛나는 시절을 자괴감에 가득 찬 채 우울하게 보내야 했다. 1학년 때까지의 좋은 성적 덕에 나는 이과의 우수반에 들어갔다. 문제는 거기에서 시작됐다.

우수반 애들은 쉬는 시간에도 화장실 가는 것 외에는 모두 공부에만 몰두했다. 이 숨막히는 분위기 때문에 스트레스를 받아서였는지 내내 '범생이'였던 나는 난생처음 공부에 대해 회의를 갖기 시작했다. 자연스레 왜 공부를 해야 하는

지, 공부의 궁극적인 목적이 무엇인지에 내한 질문이 내 안에서 스멀스멀 기어나왔다. 공부를 못하면 좋은 대학을 못가고 그러다 보면 당연히 좋은 회사에 취직을 못하니 공부를 해야 한다는, 그런 상투적인 도식은 내게 아무런 설득력이 없었다.

무엇보다 공부를 해야 하는 보다 궁극적인 이유를 알고 싶었다. 그러나 아무리 생각해봐도 공부의 '궁극적인' 이유라는 것은 없었다. 궁극적인 이유와 목적도 없는 일에 모든 것을 걸고 매달리는 일이 불현듯 허망하고 어리석고 한심하게 여겨졌다. 나는 그 이유를 알기 전까지는 공부를 하지 않기로 결심했다. 결국 성적은 점점 더 떨어졌다. 더불어 공부에 대한 질문은 인생 전반에 대한 질문으로 야금야금 확대됐다. 어느덧 '왜 사는가?' '삶의 궁극적인 이유는 무엇인가?' 라는 보다 큰 질문이 다가와 있었다. 그러나 이 질문은 앞엣 것보다 더욱 감당하기 힘든 질문이었고, 어린 나를 송두리째 혼란 속으로 몰아넣었다. 그 답은 고작해야 열일곱 살이었던 내가 짧은 시간에 구할 수 있는 것이 아니었다. 난감했던 나는 범생이답게 선생님들을 찾아다니는 등 수많은 우회로를 거친 끝에 그 답을 얻을 수 있는 길이 당장은 책밖에 없다는 결론에 도달했다. 그리고 이 모든 질문에 대한 답을 얻기 전까지는 절대 공부를 하지 않겠다고 다짐했다. 본격적으로 교과서가 아닌 책을 읽기 시작했다.

당시 읽었던 책들은 주로 한국현대소설과 세계문학전집 등이었고 때로 파스칼의 『팡세』나 니체의 『차라투스트라는 이렇게 말했다』 『비극의 탄생』 같은 철학서들이 그 목록 중간중간에 끼어들었다. 김형석, 전혜린, 안병욱이 쓴 수필집도 어린 영혼에는 깊은 울림을 주는 책들이었다. 밤늦도록 하라는 공부는 안 하고 이런 책들을 읽고 있노라면 한편으로는 깊은 불안감이 몰려왔고, 다른 한편으로는 태어나서 처음 깊은 지성의 바다와 교류하는 기쁨을 누리기도 했다. 일종의 방어기제였을 테지만 이런 세계를 모르고 학과공부에만 몰두하는 우수반 친구들을 연민의 시선으로 바라보기도 했다. 이렇게 책 읽기를 통해 아주 천천히 인생의 의미를 깨닫기 시작했다. 또한 정신의 자유, 영혼의 탐험이 무엇인지도 조금씩 알아갔다.

세계는 교실에서 배웠던 것과 달리 그렇게 간단치 않으며 단순한 논리로 인간과 세계를 규정해서는 안 된다는 사실도 알게 됐다. 삶의 의미와 처절히 분투하는 작가들과 철학자들의 글 속에는 또 다른 세계들이 끝없이 펼쳐져 있었다. 헤르만 헤세의 『데미안』에 나오는 그 유명한 구절, "태어나려는 자는 한 세계를 파괴해야만 한다. 새는 알을 깨고 나온다. 새는 신에게로 날아간다"라는 말은 어린 내 가슴을 얼마나 깊게 울렸던가. 독서로 세월을 보내며 급락하는 성적 때문에 불안에 떨면서도 헤밍웨이의 『노인과 바다』에서 "인간은 파괴당할 수는 있지만, 결코 패배하지 않는다"라는 문장을 발견하고 알 수 없는 '전의戰意'에 몸을 부르르 떨기도 했다.

그러나 한 학기 후 2학년 2학기에 나는 결국 돌반으로 쫓겨났고 고등학교를 졸업할 때까지 우수반으로 복귀하지 못했다. 이런 생활은 고등학교를 졸업할 때까지 계속되었던 것이다. 그리고 2학년 가을 무렵부터 주말이면 경기도 인근의 강과 호수로 혼자 밤낚시를 다녔다. 교복 차림으로 수통에 소주를 가득 채우고, 입에는 파이프를 문 채 이름 모를 호수와 강가에서 수없이 날밤을 새웠다. 낚싯대를 드리웠지만 고기는 잡지 않고 밤새 청춘의 불안을 정착지 없는 몽상 속에서 보냈다. 그러다 보면 날이 밝았고, 새벽 완행열차를 타고 집으로 돌아오면 온 세계가 불안과 공포로 떨고 있었다. 그렇게 나는 늘 세상의 끝에 있었다. 앞이 보이지 않았다. 학교에서는 책 읽기 외에는 특별한 사고를 치지 않아서 아무도 내가 이런 '외도'를 즐기고 있는지 몰랐지만 나는 지옥에서의 한철을 지나고 있었다.

결과는 참담했다. 요즘의 수능과 거의 유사한 것으로 당시에는 '예비고사'라는 것이 있었다. 예비고사에는 지역별 커트라인이 있었다. 지역별 커트라인은 서울이 가장 높았고 지방으로 갈수록 낮았다. 이를테면 340점 만점에 198점 이하면 서울 지역 대학에 원서조차 내지 못하는 식이었다. 예비고사 발표 날, 나는 고등학교 시절을 오로지 학과공부로만 평가한, 날것의 처참한 결과를 목격했다. 서울 지역 커트라인에 훨씬 미치지 못하는 성적 때문에 서울에 살고 있었음에도 나는 서울 지역의 어느 대학에도 원서조차 낼 자격이 없었다. 당연한 결과였고 예상했던 결과였지만 내 생의 한 모퉁이가 심하게 무너졌음을 느꼈다. 참담했다.

재수를 시작하면서 진로를 문과, 그것도 문학 쪽으로 바꿨다. 성적을 탕진한 대신 머리와 가슴속엔 이미 문학과 철학이 자리 잡고 있었던 것이다. 그렇게 애타게 찾던 인생의 의미도 어느 정도 들어와 있었다. 고등학교 시절 동안 난 독한 결과 내가 도달한 결론은 의외로 간단했다. 인생은 본질적으로 허무하다는 것이었고, 그렇기에 저 혼자 잘 먹고 잘 사는 일에 인생을 탕진하는 것은 가뜩이나 허무한 삶을 더 허무하게 만들 뿐이라는 사실이었다. 그리고 무언가 타자들을 위한 삶, 헌신적인 삶, 널리 다른 사람들을 이롭게 하는 삶만이 허무한 인생을 덜 허무하게 만드는 유일한 길이라는 결론에 도달했다. 내게 있어서 이 '이타적' 삶의 길은 바로 문학이었다. 작가가 되건 문학을 연구하거나 가르치는 사람이 되건 좋은 글을 써서 나처럼 어둠 속에서 헤매는 사람들에게 따뜻한 빛을 비추는 일을 하고 싶었다. 물론 '가짜 위로'의 따뜻한 글은 절대 사양하지만 말이다. 재수 끝에 나는 겨우 대학에 들어갔고, 그 이후 지금까지 내 인생의 좌표는 한 번도 바뀌지 않았다. 물론 진로 문제로 다시 고민한 적도 없었다. 십대 후반 끔찍하게 앓았던 정신적 홍역이 평생의 약이 되었던 것이다. 그러니 성적이 전부가 아니다.

살다보면 현실이 자신의 초점과 잘 맞지 않아 삐거덕거리는 경우가 있다. 내게는 고등학교 시절 주입식 공부가 그랬다. 그것은 마치 잘 맞지 않는 옷처럼 너무 불편했다. 그 불편한 옷이 자신의 미래와 직결됐을 때 그것을 벗어던지기란 더욱 쉽지 않다. 그러나 맞지 않는 것은 맞지 않는 것이다. 사람을 중심에 놓지 않는 교육을 누구나 응원하고 따라갈 필요는 없다. 지금도 공부와 담쌓았던 내 고등학교 시절을 후회하지 않는다. 학과공부보다 무차별로 읽어대고 감동받았던 책들, 마음 안에 들어와 내 생각이 되어줬던 책 읽기가 두고

두고 내 인생에 밥이 되고 약이 되었다. 다시 고등학교로 돌아간다 해도 주입식, 암기식, 선다형 문제로 존엄한 사람을 평가하는 학교 방식에 순응하지 않을 것이다. 물론 그렇다면 과거의 내가 그랬듯이 제도권 교육을 거부한 쓴 대가를 다시 치러야 할 것이다. 그러나 다른 방식의 교육이었다면, 다른 방식의 평가였다면, 지금과는 전혀 다른 자신으로 성장했을 수많은 '돌반' 친구들이 있다. 그들은 나쁜 교육제도의 피해자들일 수도 있다. 공부를 못한다고, 공부를 못했다고 무조건 자신만을 탓할 일이 아니다. 어쩌면 당신도 나쁜 교육의 희생자였을지 모른다.

태어나려는 자는
한 세계를 파괴해야만 한다.
새는 알을 깨고 나온다.
새는 신에게로 날아간다.

– 헤르만 헤세의 『데미안』中

일탈의
힘

고등학교 시절을 돌이켜보면 참 다행이라는 생각이 든다. 아무런 방황도 하지 않고 체제에 순응하며 범생이로 계속 자랐으면 어떻게 되었을까. 무난한 사회인이 됐을지언정 더 넓은 세계를 보지 못했을 것이다. 나는 일정한 경계 밖으로 나감으로써 그전에는 전혀 알지 못했던 세계를 만났다. 그 세계는 지적 모험으로 가득 차 있었으며, 무엇보다 자유로웠다. 그 세계는 늘 불안의 구름 아래 있었으나 새로운 것에 대한 탐구의 기쁨으로 가득 차 있었다. 넓은 세계는 항상 경계 바깥에 있었다. 나는 경계를 넘어감으로써 사람들을 더욱 깊이 이해할 수 있게 되었다. 사람들의 실수와 어리

석음에 대해서도 훨씬 더 관내해실 수 있었다. 그리고 무엇보다 눈에 보이는 것이 세계의 전부가 아니라는 사실을 알게 되었다. 경계를 드나들면서 격식에 얽매이지 않고 세상을 볼 수 있게 되었고, 남의 눈치를 보지 않고 더 자신 있게 세상과 마주칠 수 있었다. 일탈이 나를 키웠다.

그러나 일탈은 그리 간단한 문제가 아니다. 누구에게나 일탈의 순간이 있지만, 일탈이 곧 지적 성장을 보장해주는 것은 아니다. 일탈은 때로 '타락'의 다른 이름이며, 해서는 안 될 일이기도 한 것이다. 진정한 일탈은 내면의 성장으로 '어찌할 수 없는' 상태가 되어야 온다. 생각하는 힘이 커지면 기존의 틀은 족쇄가 된다. 더 큰 사유의 세계로 넘어가야 할 때 그 족쇄를 깨야 한다. 그것이 진정한 일탈이다.

1980년 봄, 대학교 3학년이었을 때다. 5·18광주민주화운동이 일어나기 몇 달 전이었다. 개학과 동시에 학교는 민주화를 위한 시위의 소용돌이에 빠져들었고, 캠퍼스는 하루도 빼놓지 않고 목이 터져라 외치는 학생들의 구호와 최루탄 가스에 뒤덮였다. 바리케이드를 사이에 두고 돌멩이와 최루탄이 하늘을 가득 덮었다. 모든 것이 암담했고, 혼란스러웠으며, 하루 앞이 보이지 않았다. 그러던 어느 날 나는 친구와 함께 불현듯 학교를 떠났다. 아무런 준비도 없었다. 아침에 학

교에 나왔던 차림 그대로 우리는 강남 고속버스터미널에 갔
고 강릉행 버스에 몸을 실었다. 강릉에 도착했을 때 우리는
무일푼이었다. 숙박은커녕 당장 라면을 사 먹을 돈도 없었다.
반쯤 의도된 무전여행이 시작된 것이다. 우리는 무작정 강릉
역 쪽으로 걸어갔다. 서울과 달리 세상은 아무 일도 없는 것
처럼 고요하고 평화로웠다. 그러다 서서히 배가 고파오기 시
작했다. 우리는 당장 눈앞의 현실에 직면해야 했다. 날이 어
두워지기 전에 숙소를 구해야 했으며 허기를 면할 방편을 생
각해야 했다. 역 앞을 어슬렁거리다가 우리는 역 건너 골목
에 공사장이 있는 것을 발견했다. 조그만 건물을 짓고 있는
현장이었다. 우리는 그곳으로 갔다. 거기서 어떻게든 일자리
를 구하고 며칠이든 버텨볼 요량이었다. 공사장 건너편에는
마침 '현미여인숙'이라는 이름의 허름한 여인숙이 있었다.

　공사장에 가까이 가보니 건물의 기초를 세우기 위해서
인지 땅바닥이 깊게 파여 있었으며, 그곳에서 인부 몇이 일
을 하고 있었다. 우리는 그곳의 십장을 만나 사정을 이야기
했다. 우리는 무전여행 중인 대학생들이며 그러니 제발 삼
일만 일하게 해달라는 것이 우리의 부탁이었다. 십장은 원
래 한 달 이상 일하지 않으면 인부를 받지 않는데, 대학생
들이고 하니 봐준다고 하면서 당장 다음 날 아침 일곱 시까

지 현장으로 나오라고 했다. 우리는 환호성을 질렀고, 길 건너 현미여인숙으로 갔다. 그곳에 가서 공사장에서 일을 하게 된 과정을 설명한 후 후불로 숙박을 허락받았다. 다음 날 아침 일찍 우리는 현장에 갔다. 그날 우리에게 주어진 일은 건물의 기반을 세우기 위해 파놓은 땅바닥을 다지는 일이었다. 땅바닥엔 사람 몸통보다 서너 배는 두껍고 높이가 옆구리쯤 오는 큰 통나무들이 여러 개 놓여 있었다. 통나무의 동서남북 네 군데에 각목으로 이은 손잡이가 붙어 있는 것이 보였다. 지금 생각하면 정말 원시적인 작업이었는데, 우리는 통나무 하나에 네 명씩 붙어 오전 내내 그것을 들었다 놓기를 반복하며 파헤쳐진 바닥을 다져나갔다. 백면서생이었던 우리는 오전이 다 지나가기도 전에 얼굴이 하얗게 질려버렸다. 허리는 끊어질 듯이 아팠으며 팔뚝의 근육은 파열 직전이었다. 그래도 어찌할 수 없으니 죽어라 일을 했다.

그렇게 오전이 지나자 십장은 근처의 다른 현장으로 우리를 데려갔다. 그곳은 개인 주택을 짓는 공사장이었다. 우리는 그곳에서 다른 인부들과 함께 날이 저물 때까지 온종일 삽으로 땅을 팠다. 일을 시켜준 것만으로도 고마워서 쉬지 않고 빠른 속도로 삽질을 하고 있었을 때 옆에서 함께 일하던 인부가 말을 걸어왔다. 그런 식으로 일을 하다가는 단 몇

◀ **24**
▶ **25**

시간도 가지 않아 뻗는다는 것이었다. 진짜 프로들은 천천히 꾸준하게 일을 한다는 것이 그의 가르침이었다. 그의 말대로 천천히 그러나 규칙적으로 삽질을 하자 턱밑까지 차오르던 숨이 덜 차기 시작했다. 그런대로 일도 할 만했다.

일과가 끝나자 인부들은 처음에 일했던 공사장의 '함바'로 이동했다. 함바란 건설현장에서 인부들을 위해 임시로 지은 식당용 혹은 숙박용 건물을 지칭하는 일본말이다. 주로 하루의 고된 노동을 끝낸 인부들이 모여 저녁을 먹고 술을 마시는 곳이었다. 인부들은 하나같이 소주를 맥주 컵에 따라 마셨다. 소주 한 병이 맥주 컵으로 두 잔이면 끝났다. 우리는 더럭 겁이 났지만, 알 수 없는 분위기에 압도되어 그들이 주는 대로 벌컥벌컥 술을 받아마셨다. 그리고 얼마나 시간이 지났을까. 우리는 정신을 가누기 힘들 정도로 마구 취했다. 인부들은 끄떡도 없었다. 문제는 술의 양과 속도였다. 이곳에서는 모든 것이 속전속결이었다. 빨리 마시고 들어가야 다음 날 아침 또 일찍 나와 일을 할 수 있었던 것이다. 인부 두엇이 다리가 휘청거려 걸을 수 없을 정도로 취한 우리를 부축해 건너편 현미여인숙으로 데려다줬다. 초면에 꼴이 말이 아니었다. 온종일 진흙밭에서 일을 했던 터라 구두도 말 그대로 엉망진창이 돼 있었다. 당시 남학생들은 운동화보다는 주

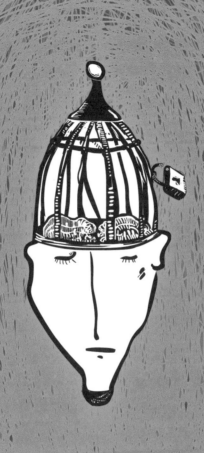

모든 로맨스는 한마디로 '일상적인 삶의 공간으로부터의 일탈'이라는 공통된 구조를 가지고 있다. 중세 기사들에게 일상적인 공간은 궁궐이다. 그러나 기사들이 궁궐에만 갇혀 있을 때 모험은 일어나지 않는다. 기사들이 '무언가'를 손에 넣기 위해 궁궐을 떠날 때 비로소 모험의 세계가 열린다.

로 단화 구두를 신었다. 취중에도 진흙투성이의 구두가 걱정이 된 나는 자리에서 일어나 구두를 물에 빤 후 여인숙의 연탄아궁이 옆에다 올려놓았다. 이른 새벽, 심한 갈증 때문에 일어나 보니 구두는 바짝 마르다 못해 가운데가 타들어가 심하게 휘어져 있었다.

우리는 그렇게 그곳에서 삼 일을 꼬박 일했고, 거기서 번 돈으로 여인숙 숙박비를 지급한 후에도 집으로 돌아가지 않고 약 일주일 동안 동해안 인근을 떠돌았다. 설악산 신흥사에 가서 공짜 밥을 얻어먹은 후 마음씨 좋은 '처사님' 방에서 하루를 유숙하기도 했고, 울산바위 꼭대기까지 기어올라 가 만난 단체관광 아줌마들에게 먹을 것을 구걸하다 거절당하기도 했다. 속초 버스 정류장 근처에서 만난 어린 걸인에게 알량하게 남은 동전 몇 푼을 다 쥐어주고 나서야 우리는 서울행 버스에 몸을 실었다. 이로써 우리는 처음으로 '학교-도서관-집'이라는 일상의 벽을 넘었다. 그렇게 한바탕 유랑의 일탈을 하고 나니 그럭저럭 권태로웠던 생도 견딜만 했고, 눈앞의 삶을 남의 일처럼 일정한 거리를 갖고 보는 습관도 지니게 되었다. 그리고 얼마 지나지 않아 계엄령이 내렸고, 학교는 문을 닫았다.

중세 영국에서는 로맨스romance 라는 스토리 위주의 시장르가 유행했다. 로맨스의 주인공은 중세 기사들이었으며 기사도와 관련된 수많은 로맨스가 쓰였다. 그러나 로맨스의 콘텐츠가 아무리 다양하다 할지라도 그 구조는 대부분 유사하다. 모든 로맨스는 한마디로 '일상적인 삶의 공간으로부터의 일탈'이라는 공통된 구조를 가지고 있다. 중세 기사들에게 일상적인 공간은 주로 궁궐이다. 그러나 기사들이 궁궐에만 갇혀 있을 때 모험은 일어나지 않는다. 기사들이 '무언가'를 손에 넣기 위해 궁궐을 떠날 때 비로소 모험의 세계가 열린다. 기사들은 그렇게 떠나간 길 위에서 엄청난 도전들과 직면하며, 그 싸움 속에서 자신들의 능력을 시험받고 키워나간다. 그리고 새로운 세계로 넘어가고 그 대가로 '무언가'를 얻는다.

마크 트웨인Mark Twain 의 『허클베리 핀의 모험Adventures of Huckleberry Finn』도 이런 점에서 보면 로맨스다. 어린 소년인 허크에게 일상적인 삶의 공간은 교회와 학교와 집이다. 그러나 이 세 공간은 허크가 가장 싫어하고 불편해하는 공간이다. 허크는 틈만 나면 학교에서 도망치고, 집에 들어가지 않으며, 교회를 '땡땡이'친다. 허크는 이 점잖은 공간들 대신 미시시피강을 선택한다. 그리고 뗏목을 타고 미시시피강을 떠돌면서 낯선 세상을 경험한다. 그것은 일상적인 삶의 공간에서는 볼 수 없었던 새로운 세상이면서, 세상의 속살이었다. 이 과정을 통해 그는 점점 어른이 되어간다.

과학사가인 토마스 쿤Thomas Kuhn은『과학 혁명의 구조 The Structure of Scientific Revolutions』에서 '패러다임'의 중요성을 역설했다. 그에 따르면 '과학 혁명'이란 지식의 축적이라기보다는 새로운 패러다임이 등장하여 그것과 과거의 패러다임 사이에 건널 수 없는 인식론적 단절이 생기는 것을 의미한다. 쿤은 이런 의미에서 과학 혁명을 "패러다임의 변환 paradigm shifts"으로 설명했다. 과학 혁명의 역사도 따지고 보면 '경계를 넘는 행위'의 연속인 것이다. 경계를 넘어가지 않으면 인식의 새로운 지평도 열리지 않는다.

전통을 지향하는 사회는 일탈을 용납하지 않는 경향이 있다. 규칙과 규범을 위반하는 순간 세상은 우리를 불안과 혐오와 경멸의 눈으로 쳐다볼 것이다. 그러나 규범을 벗어나지 않고서는 새로운 세계는 열리지 않는다. 중세의 철옹성 같은 봉건적 이데올로기는 근대정신에 의해 무너졌다. 봉건의 패러다임으로 볼 때 근대는 도무지 이해할 수 없는 철부지였고 비상식적인 오이디푸스에 지나지 않았다. 그러나 봉건의 모순이 극에 달했을 때 봉건의 벽은 내부로부터 무너져 내렸다. 우리가 가진 세계관, 인생관, 세상을 보는 패러다임들도 마찬가지다. 의심하지 않고 도전하지 않으면, 우리는 우리 내부의 봉건성에 영원히 갇혀 있을 것이다.

세계를 변화시키는 사람들은 늘 규범과 경계를 뛰어넘는 사람들이다. 청바지에 허름한 검은 티를 입은 채 세계를 열광시켰던 스티브 잡스는 그 자체로 이단아였다. 그러나 그 이단은 새로운 전통이 되었다. 완성된 일탈은 전통이 되지만, 실패한 일탈은 이단으로 남는다. 우리는 전통이 된 일탈 앞에 굴복하지만, 아직 전통으로 자리 잡지 못한 새로운 도전들을 경멸하는 습관을 지니고 있다. 이것이 모든 전통과 관습이 하는 일이다. 그러나 자고로 전통은 깨지라고 있는 것이다. 전통은 늘 새롭게 만들어지며 규범은 탈규범을 통해 새로운 규범이 된다.

도전이 없는 삶은 다른 곳으로는 절대 가지 않겠다는 게으름뱅이 혹은 겁쟁이의 삶이다. 그것은 현재 보고 있는 것 이상의 다른 것은 보지 않겠다는 폐쇄적인 삶이고, 호기심이 사라진 늙은 삶이며, 더 이상 아무것도 하지 않겠다는 '거저먹기'의 삶이다. 이런 삶은 권태로우며 지리멸렬하다. 반면 경계를 뛰어넘어 긴장 속에 몸을 날릴 때 우리 몸의 세포 하나하나가 생생하게 살아날 것이다. 정신은 깨어나고 세상은 매일매일 새날이 될 것이다. 느끼지 못하는 인생은 인생이 아니다. 권태가 우리의 삶을 잠식할 때 세계는 죽음의 동굴로 진입한다. 그런 세계는 존재하되 존재하지 않는 세계이며, 있으나 없으나 마찬가지인 세계이다. 그 세계를 살아 움직이게 하는 것은 규범에 도전하는 정신이다. 일탈을 두려워하지 않는 정신이다. 경계 너머의 세계를 꿈꿀 때, 경계 너머의 세계가 열릴 것이다.

책 읽기의
힘

내가 대학을 다니던 시절에도 학교 도서관에 가면 두 자리 건너 한 명은 토플책이나 각종 수험서를 펴놓고 앉아 있었다. 요즘은 '스펙 전쟁'의 시대다 보니 사태가 더 심각해졌다. 학과성적, 토익, 토플 등은 노력한 만큼의 성과가 점수로 정확히 환산되므로 많은 학생에게 쉽게 '생활의 목표'가 된다. 이것이 바로 대부분의 대학생이 입학 때부터 졸업할 때까지 사 년 내내 이런 종류의 스펙 쌓기에 몰두하는 이유다. 반면에 책 읽기는 (아무리 많은 책을 읽어도) 겉으로 표시가 나지 않는다. 점수도 없고 자격증도 없다. 노력한 만큼의 성과를 확인할 좌표가 거의 없다. 그러니 아무리 책 읽기의 중요성을 강조해도 학생들은 선뜻 책 읽기에 달려들지 않는다. 설사 큰 결단을 하고 책을 읽어도 옆에서 스펙 쌓기에 몰두하는 다른 친구들을 보면 몹시 불안해한다. 성과도 없는 '비실용적'인 일에 허송세월하는 게 아닌지 자꾸 회의가 들기도 한다. 사정이 이러하니 '지성의 전당'인 대학에서 열심히 책을 읽는 대학생을 찾아보기 어렵다. 한마디로 말해, 이 자체로 한국의 대학은 이미 죽어가고 있는 거나 마찬가지다.

사실 '실용성'만 따져도 책 읽기의 가치는 무궁무진하다. 잘 읽은 책들은 우리의 평생을 책임진다. 훌륭한 세계관과 인생관은 경험을 통해서도 형성되지만, 우리 인생은 수명 대비 다양한 경험을 하기엔 시간이 턱없이 부족하다. 평균수명이 천 년쯤 된다면, 대략 이백 년 동안은 인생의 다양한 경험도 하고 때로 세월도 탕진해가면서 느긋하게 삶의 '지혜'를 얻을 수 있을 것이다. 그러나 불행히도 우리에게는 그럴 시간이 없다. 그런데 책 읽기는 경험에 비해 턱없이 짧은 시간에 상대적으로 엄청난 지적·정신적 자산을 우리에게 가져다준다. 독서는 각 분야의 전문가들이 평생을 이룩해 얻은 지성과 지혜들을 며칠, 몇 달, 몇 년, 때에 따라서는 몇 시간 만에 우리 자신의 것으로 만들어준다. 뉴턴은 "거인들의 어

개기는
인생도
괜찮다

깨 위에서 세상을 바라보았다"고 했다. 거인들의 어깨 위에 오르는 여러 가지 방법이 있지만, 그중 가장 효과적인 것이 독서다. 정신의 '소인'들도 책 읽기를 통해 비교적 짧은 시간에 거인들의 어깨 위에서 거인들의 시각으로 세계를 내다볼 수 있다. 불과 사 년이라는 짧은 대학 시절일지라도 제대로 책을 읽는다는 보장만 있다면, 졸업할 무렵 이미 '젊은 거인'이 되어 있는 자신을 발견할 수 있을 것이다. 이 얼마나 떨리고 설레는 일인가.

대부분의 학생은 스펙이 자신들의 미래를 보장해준다고 생각한다. 그러나 스펙이 필요한 것은 정확히 학교를 졸업한 후 취직을 하는 순간까지다. 토익이나 토플 만점을 받아도 그것들의 유효기간은 딱 이 년밖에 안 된다. 그것마저도 취업문제가 해결되는 순간 쓸모가 없어진다. 사 년 내내 애써 성취한 것이 어느 날 갑자기 휴지 조각이 돼버리는 것이다. 얼마나 허망한 일인가. 취업이 워낙 힘들다보니 (논리적으로는 그렇지 않지만) 정서적으로 많은 학생이 그것을 마치 인생의 '최종' 목표인 것처럼 받아들인다. 그러나 상식적으로 생각해도 취업은 인생의 마지막이 아니라 또 다른 시작에 불과하다. 멀지도 않은 훗날, 나이가 삼십 대 중후반 혹은 사십 대쯤 됐을 무렵 이십 대 때 토익 만점을 받았다든가, 어느 대학을 나왔다든가, 학점이 올 A였다든가 하는 이야기들은 모두 쓸데없는 이야기들이 돼버린다. 그 나이는 살다보면 금방 닥쳐올 것이다. 그때 가서 중요한 것은 이십 대에 쌓은 스펙이 아니라 그 나이에 어느 자리에 서서, 어떤 일을, 어떻게 하고 있는가이다.

이에 반해 책 읽기의 효력은 평생을 간다. 책 읽기를 통해 지적으로 성숙해지고, 세상을 읽는 깊은 통찰력, 그리고 언술을 통해 타자들을 설득하고 동의를 끌어낼 수 있는 능력을 얻게 되면, 그것의 효용성은 이 년이 아니라 죽을 때까지 가는 것이다. 그러니 무엇이 더 '실용적'인가. 스펙처럼 눈앞에 성과가 나타나지 않는다고 해서 책 읽기의 '쓸모'를 폄하한다면 그것은 매우 우매한 짓이다.

물론 스펙도 잘 쌓고 책 읽기도 제대로 한다면 금상첨화일 것이고, 예외적이지만 그런 학생들도 있다. 문제는 대부분의 학생이 스펙 쌓기에만 몰두하고 책 읽기를 등한시한다는 것이다. 이런 경우 십중팔구 '머릿속에 든 것 없이' 대학을 졸업하게 된다. 그나마 학점 관리, 스펙 쌓기를 잘 해서 겨우 취업을 했다 쳐도 이런 학생들에게 그다음의 미래는 보장되지 않는다. 그다음의 미래는 오로지 성숙한 지적·감성적 능력 그리고 지혜가 이끌어가는 것이기 때문이다. 나는 대학에 근 삼십 년간 봄을 담아오면서 수많은 샘플 케이스를 가까이서 지켜봤고 지금도 보고 있다. 좋은 성적, 좋은 스펙만으로 훌륭한 미래가 절대 보장되지 않는다는 것을 말이다.

책과 관련된 한 일화이다. 대학에 다닐 때 우리 뒷집에는 나보다 한 살 많은 동네 형님이 살고 있었다. 그 형은 모 대학 철학과 학생이었다. 지금 그 형님은 한국 철학계의 대들보가 되어 있다. 형네 집은 우리 집보다 경제적으로 넉넉해서 제법 큰 자기만의 방을 가지고 있었다. 1세대 페미니스트의 대표 주자인 버지니아 울프Virginia Woolf는 작가나 학자가 되기 위해서는 일정량의 고정수입과 '자기만의 방'을 가지고 있어야 한다고 하지 않았던가. 내가 진짜 부러워했던 것은, 형이 경제력 있는 부모님 덕에 읽고 싶은 책을 아무 때나 마음대로 사서 읽을 수 있다는 것이었다. 당시에는 도서관도 빈약했고, 나는 읽고 싶은 책이 있어도 살 돈이 없어 늘 싸구려 중고서점을 순례하는 것이 고작이었다.

나는 정신적으로 나태해질 때마다 형을 방문했다. 알 수 없는 무력감과 우울증이 몰려와 슬럼프에 빠지면 예외 없이 형을 찾아갔다. 그때마다 형은 거의 항상 세 가지 모습 중 하나를 내게 보여줬다. 첫째는 그 전날 밤새도록 책을 읽고 낮잠을 자고 있는 모습이었고, 둘째는 앉은뱅이책상에 앉아 책을 읽고 있는 모습이었고, 셋째는 읽은 책의 내용 중 중요한 대목을 타자기로 정리하고 있는 모습이었다. 그때만 하더라도 컴퓨터라는 것이 없었고, 사람들은 손으로 직접 쓰거나 아니면 타자기를 사용해 문건을 정리했다. 그 시기에는 '클로바'라는 국내 브랜드의 중저가 타자기가 있었는데, 형은 시간이 나는 대로 타자기를 타닥타닥 두드리며 읽은 책의 주요 내용을 정리하고 있었다. 앞에서도 말했지만, 형의 방은 제법 큰 편이었고 그 방은 사면이 모두 책으로 가득 차 있었다. 정확히 말하면 천장만 빼고 방바닥까지 온 방 안이 책으로 뒤덮여 있었다. 방문할 때마다 바닥에 앉을 자리조차 없을 지경이었다. 내가 가면 형은 주섬주섬 바닥에 있는 책을 치우고 앉을 자리를 만들어줬고, 나는 거기에 앉아 형과 함께 문학과 역사, 철학과 정치를 이야기하며 시간을 보냈다. 책으로 가득 찼던 형의 방은 그 자체로 엄청난 아우라aura를 가지고 있어서, 나는 그 '신성한(?)' 공간을 방문하는 것만으로도 지적인 자극과 도전을 받았다. 그리고 힐끔힐끔 형이 타자를 치던 종이로 눈길이 가곤 했는데, 거기에서 비트겐슈타인, 후설, 하이데거와 같은 철학자들의 이름을 만나기도 했다. 더러는 형이 습작 중이던 시나 단편소설을 만나기도 했다. 창백하고 흰 얼굴을 가진 형의 입에서 철학뿐만 아

'개기면서' 천천히 책을 읽어보라.
일상에 쫓긴 당신의 영혼의 밭에
'고요한 평화'의 공간이 생길 것이다.
이 공간을 확보할 때야
비로소 우리는 세상과 거리를 갖고,
나와 세상과 삶의 의미를
생각할 수 있게 된다.

니라 정치, 경제, 외국어, 문학, 미술, 건축 등 나방면에 관련된 지적 담론들이 쏟아져 나올 때, 한편으로는 엄청 기가 죽으면서, 다른 한편으로는 내 안에서 지적 욕구가 거의 '도발'을 하는 것을 느끼곤 했다. 대학을 졸업할 때까지 형은 싫은 말 한마디 없이 내게 무궁무진한 지적 자극을 주었다. 형 덕분에 나는 '책의 길'에서 멀어지지 않았고 덕분에 학점은 개판이었지만, 앞으로의 인생에 대해 나름 확고하고도 분명한 어떤 '입장' 같은 것을 갖게 되었다.

나는 수많은 독서 경험을 통해 나름의 독서 '기술'을 체득하게 되었다. 나중에야 내가 체득한 독서 기술이 바로 니체가 말한 "슬로우 리딩slow reading"임을 알게 됐다. 니체는 『서광Daybreak』이라는 책의 「서문」에서 이렇게 말했다. "나와 내 책은 느림의 친구들friends of the lento이다. 나는 지금까지는 헛되게도 문헌학자가 아니었지만, 이제는 문헌학자이다. 다른 말로 하면 슬로우 리딩의 선생이다. 슬로우 리딩은 이제 나의 습관일 뿐만 아니라 취향이다." 그가 문헌학에 비유한 '슬로우 리딩'은 그에 의하면 "여러 가지 중 한 가지를 정확히 따내어, 한 발자국 물러서서 시간을 두고, 그것들을 가만히 내버려두며, 조용히 그리고 천천히 자라게 두는 것"이다. 니체는 서둘러 읽는 것이야말로 가장 나쁜 독서법이라고 했다. 슬로우 리딩은 니체의 말에 따르면 "천천히, 심오하게, 집중해서, 신중하게, 내면의 생각을 동원하고 정신의 문을 약간 열어놓은 상태에서 섬세한 손가락과 눈으로 읽는 것"이다.

공자는 "남자는 모름지기 다섯 수레의 책을 읽어야 한다"고 했지만, 책 읽기의 효과는 권수로 계산되는 것이 아니다. 수천 권의 책을 읽고도 깊은 감동을 받은 책이 없다면, 그것은 안 읽은 것이나 마찬가지다. 마음을 움직이지 않는 수백 권의 책을 읽는 것보다 영혼을 뒤흔든 한 권의 책을 읽는 것이 훨씬 낫다. 그리고 책과 이런 식의 깊은 교제를 하려면 반드시 '슬로우 리딩'을 해야 한다.

한 글자, 한 글자 음미하면서 책을 천천히 읽을 때 우리는 책의 '심장'과 '영혼'을 만난다. 세상이 초고속으로 돌아가고 패스트 문화fast culture 가 우리를 지배할수록 '개기면서' 천천히 책을 읽어보라. 일상에 쫓긴 당신의 영혼의 밭에 '고요한 평화'의 공간이 천천히 생길 것이다. 이 공간을 확보할 때야 비로소 우리는 세상과 거리를 갖고, 나와 세상과 삶의 의미를 생각할 수 있게 된다. 요즘 흔히 말하는 힐링은 아름다운 경치에만 있는 것이 아니라, 이러한 고요와 평화의 공간에도 있다.

슬로우 리딩과 더불어 해야 할 독서법이 있다면, 그것은 바로 '버텨 읽기resistant reading '다. 버텨 읽기란 한마디로 말해 책의 '절대 진리성'을 신뢰하지 않고 의심하면서, '개기면서', 버티면서 읽는 것이다. 한국의 문해文解, literacy 교육은 교과서의 절대성에 대한 숭배를 전제로 이루어져왔다. 제도권 학교에서 교재로 선택되는 모든 책은 그 자체 진리의 경전이라는 전제가 항상 깔려 있다는 말이다. 그러나 생각해보라. (종교인들에게 있어서 경전을 제외하고) 어떤 책도 절대적 진리를 담고 있지 않다. 따라서 '버텨 읽기'란 '생각을 하면서 읽는 것'을 의미한다. 책이 전하는 내용이 과연 정말 옳은 이야기인지 따지고 생각하면서 읽는 것을 '버텨 읽기'라 한다. '슬로우 리딩'과 '버텨 읽기'를 동시에 가동할 때, 우리는 책의 전모와 제대로 만나게 되며, 읽고 있는 책과 진정한 의미의 '대화적' 관계로 진입하게 된다. 만약 이런 이중의 독법을 거치고 나서도 책의 내용이 당신의 심금을 울린다면, 당신은 정말 훌륭한 책을 만난 것이다. 바로 그때 책의 사상이나 내용은 당신의 것으로 '전이'되고, 이것을 우리는 책이 당신에게 '내면화된다'고 이야기 할 수 있을 것이다. 책 내용이 내 것이 될 때, 즉 나에게 와서 나의 내면이 된다는 것은 바로 그 책을 쓴 '거인의 생각'이 '내 생각'으로 전화되는 것을 의미한다. 이것은 바로 알랭 바디우Alain Badiou 가 이야기한 "사건the event "과 다름없다. 책 읽기에서 이런 사건이 일어날 때가 바로 우리가 거인의 어깨에 서서 거인의 시각으로 세계를 바라볼 때다. 이와 같은 책 읽기의 경험을 통해 주체인 '나'는 변화된다. 이런 사건들을 반복해서 겪을 때, 어제의 '나'는 사라지고 새로운 '내'가 태어난다. 존재의 놀라운 변환이 바로 '책 읽기'를 통해 일어나는 것이다. 이로써 현상의 이면에 감춰져 있는 본질을 읽어낼 수 있다면, 세상에 이것보다 더 절실하고 위대하며 '실용적인' 일이 어디 있겠는가.

자기계발서 혹은
성공학이라는 괴물

'성공학'이라는 정체불명의 유령이 출몰하고 있다. 각종 자기계발서가 상업적인 성공을 거두면서 자기계발서의 단짝 격인 성공학 관련 서적들도 덩달아 주가가 오르고 있다. 오죽하면 지성의 전당이라는 대학에서조차 성공학 관련 강좌들이 대거 개설되고 학생들로부터 인기를 끌고 있겠는가. 언제부터인가 '성공'이라는 가치가 우리 사회를 압도적으로 지배하고 있다. 사람들이 성공에 매달리는 현상은 성공이 점점 더 '희박한' 가치가 되고 있다는 방증이다. 성공이 가장 어려워진 시대에 성공할 확률이 별로 없는 사람들이 성공의 성취에 올인하고 있는 모습은 그 내열에 속한 사람들에게는 가장 고통스럽고도 불행한 그림이다.

초등학생 때부터 대학을 졸업하고 취업을 할 때까지 오로지 상위 1퍼센트 안에 들어야 한다는 강박증이 대부분의 학생과 학부모들의 머릿속에 꽉 차 있다. 서울 시내 모 명문(?) 초등학교의 교가에 들어 있는 "공부 잘해 성적도 제일 높이 올리리라"라는 가사는, 그대로 이들의 소망을 요약한다. 그러나 만일 성공이라는 것이 상위 1~5퍼센트 안에 드는 것을 가리킨다면, 이들 중 95~99퍼센트는 불행하게도 실패가 운명인 인생을 살고 있는 것이다. 추락의 숙명을 알면서도 계속 앞으로만 나아가는 사람들은 결국 나이가 들어 '조직의 쓴맛'을 다 본 후에야 성공의 미망에서 벗어난다. 사실은 벗어나는 것이 아니라 포기하는 것이다. 대부분의 사람이 겪는 이 '패배의 스토리'는 고통과 열등감, 자책과 자기비하로 내면화된다. 얼마나 끔찍한 이야기인가. 상당수의 자기계발서나 성공학 관련 서적들은 겉으로는 수많은 신도에게 세속적 성공 혹은 성공 가능성의 '환상'을 심어주면서, 실제로는 다수의 패배자를 양산한다.

그럼에도 불구하고 '성공학'이란 제목의 강연과 강의들이 심지어 대학에서조차 호황을 이루는 것은, 우리 사회가 나쁜 의미의 '성공 이데올로기'에 빠져 있다는 증거다. 문제는 '성공학'이란 정체불명의 담론이 말하는 '성공'이 넓은 의미의 '훌륭한 삶'이 아니라, 거의 '출세'를 이야기하고 있다는 사실이다. 그러나 생각해보라. 동서고금을 막론하고 다수의 사람이 출세하는 사회는 존재하지 않는다. 출세하는 사람은 항상 소수다. 그런데도 성공학 담론은 대중을 '성공'의 이름으로 유혹한다. 이것은 심각한 속임수(!)가 아닐 수 없다. 심지어 종교단체에서도 청소년들에게 성공(?)하여 사회적 '리더'가 될 것을 부추긴다. 하지만 맙소사, 리더는 항상 극소수다. 성공의 미망에 빠진 사람들 대부분은 (확률적인 의미에서) 출세하지 못한다.

성공학이라는 가면을 쓰고 있는 출세 이데올로기의 가장 큰 문제는, 그것이 출세만을 유일하고도 훌륭한 가치로 치부한다는 것이다. 이 이데올로기에 의하면 경쟁에서 승리하지 못하는 인생은 무의미하다. 이 말은 성공 이데올로기가 우리 사회의 압도적 다수의 삶을 암암리에 무의미하거나 무가치한 것으로 간주한다는 뜻이다. 성공 이데올로기는 '훌륭한 삶'의 척도를 출세로 제한함으로써, 그것보다 훨씬 중요한 삶의 다양한 가치들을 배제한다. 이 배제는 '어떻게 살 것인가'라는 질문의 포괄성을 묵살하고, '사회적' 헌신·환대·

왜
혼자
'잘 먹고 잘 사는 것'만이
유일하게
훌륭한 가치가 되어야 하는가.
그것을 얻기 위해
다른 사람들과
악다구니로 싸워서 이겨야 하는가.

사랑보다 경쟁에서의 '사적인' 승리를 더 숭고한 가치로 몰고 간다. 그리고 공공의 문제를 파편화하고 개별화한다.

여기서 또 다른 문제가 생산되는데, 그것은 바로 성공 이데올로기가 사회적 '시스템'의 문제를 '개인'의 문제로 환치한다는 것이다. 만일 소수가 아니라 구성원 다중多衆의 삶이 불행하다면 이는 개인의 문제가 아니라 시스템의 문제다. 그러나 성공 이데올로기는 사회 혹은 공공 단위로 향하는 문제 제기를 차단한다. 그것은 자신의 경전인 성공학 교재와 자기계발서를 들이밀며, (한마디로 말해) '당신'의 불행은 당신의 게으름 때문이고 당신이 남보다 더 열심히 살지 않았기 때문이라고 말할 것이다. 성공 이데올로기는 이렇듯 교묘하게 시스템의 문제를 감춘다.

성공학이라는 괴물은 경쟁을 최우선의 가치로 간주하는 신자유주의의 적자嫡子이면서, 다중에 대한 사회적 안전장치가 희박한 우리 사회의 알리바이다. 간단히 말해 패배자는 입 다물라는 것이다. 그러나 다중은 패배자가 아니며 더욱이 소수의 출세자들을 위한 들러리가 아니다. 다중은 각기 고유하고도 소중하며 훌륭한 가치들의 담지자들이다. 이 소중한 다수에게 성공학이라는 괴물이 입을 벌리고 있다. 자기만 쳐다보라는 것이다. 그 심연을 바라보는 많은 사람이 괴물을 닮아간다. 사람들은 자기 존재의 소중한 가치들을 망각하고, 괴물 앞에서 열등감과 자괴감에 시달린다. 누가 이들을 구할 것인가.

그러므로 성공이라는 '가짜 복음'으로 실패의 운명에 있는 사람들을 호도하는 자기계발서들과 성공학 '경전'들은 가장 먼저 버려야 할 책들이다. 세상은 출세보다 훨씬 더 숭고한 가치들로 가득 차 있다. 성공학의 논리에 따르면, 모든 성인의 삶은 어리석은 실패자의 삶이다. 석가모니는 왕자라는 어마어마한 기득권을 버리고 진리를 설파하기 위해 빈 몸으로 거리에 나섰다. 알베르트 슈바이처는 의술을 이용해 임대용 빌딩을 짓고 벤츠를 사는 대신 아프리카의 대책 없이 버려진 가난한 사람들을 위해 자신의 모든 것을 던졌다. 도스토옙스키의 『죄와 벌』의 주인공 라스콜니코프는 완전범죄로 가려질 수 있었던 자신의 범죄를 스스로 고백하고 시베리아로 유형을 떠났다. 예수 그리스도는 머리를 눕힐 방 한 칸 없이 광야를 떠돌다가 아무 죄도 없이 이웃을 위해 자신의 몸을 찢었다. 영국의 문학평론가인 테리 이글턴Terry Eagleton 은 이를 "신성한 테러holy terror"라고 했다. 성공학 이데올로기에 따르면 예수의 '신성한 테러'는 가장 우둔하고 멍청한 짓이 될 것이다. 이들의 삶은 하나같이 세속적 경쟁과는 정

반대로 가는 삶이었으며, 자기보다는 타자의 안위를 우선에 둔 삶이었다. 굳이 성자들을 예로 들 필요도 없다. 왜 혼자 '잘 먹고 잘 사는 것'만이 유일하게 훌륭한 가치가 되어야 하는가. 왜 사회의 모든 구성원이 이 가치를 따라야 하며, 그것을 얻기 위해 다른 사람들과 악다구니로 싸워서 이겨야 하는가. 이에 대한 더 복잡한 논의는 뒤에서 다시 이야기하기로 한다.

개기는
인생도
괜찮다

너 자신을
너무 욕하지 마라

대부분의 사람은 경쟁을 당연한 것으로 치부한다. 동일한 조건에서 실력으로 우열을 나누는 것이야말로 페어플레이라는 것이다. 게다가 경쟁은 서로를 자극함으로써 개체들의 능력을 극대화하며 그 결과 사회와 국가 단위의 인적 자원의 수준을 높인다는 것이다. 대체로 경쟁을 옹호하는 논리는 '자유 시장free market'을 옹호하는 사람들에게서 나온다. 그러나 영국 케임브리지대학교 장하준 교수의 『그들이 말하지 않은 23가지』에 따르면 자유 시장이라는 것은 없다. 그에 의하면 "자유 시장은 정치적으로 정의되는 것이다. 자유 시장을 옹호하는 경제학자들은 정부의 정치적 개입으로부터 시장을 보호하려는 것처럼 이야기하지만 그것은 사실이 아니다. 정부는 언제나 시장에 개입하고 있고, 자유 시장론자들도 다른 모든 사람들과 마찬가지로 정치적이다."

경쟁이 페어플레이가 되려면 공정한 경쟁이 되어야 한다. 공정한 경쟁이란 공정한 기회가 동등하게 주어질 때 가능하다. 경쟁 옹호론자들은 모든 경쟁이 그 자체로 공정할 것이라는 환상을 가지고 있다. 그러나 놀랍게도 대부분의 경쟁은 공정하지 않다. 사회 전체가 불평등하고 불공평할 때 경쟁의 베이스 역시 공정할 리 만무하다. 최근 2017년 7월 21일에 보도된 통계에 따르면, 서울대생의 75퍼센트가 월 소득 900만 원 이상의 자녀들이다. 대표적인 보수 언론사조차도 이를 '그들만의 리그'라는 헤드라인을 이용해 보도했다. 같은 달 「뉴욕 타임스」의 보도(2017년 7월 10일)에 따르면, 미국 200대 대학교에 진학한 학생 중 70퍼센트가 소득분배 상위 25퍼센트 출신이라고 한다. 복지 시스템이 엉망인, 엉터리 선진국인 미국에서도 상황이 다르지 않은 것이다. 동일한 조건에서 경쟁하는 것을 공정 경쟁이라 한다면 이런 나라들, 이런 사회 속에서 사실상 공정 경쟁이란 없다.

1960~1970년대만 하더라도 소득격차가 지금처럼 심하지 않았고, '개천에서 용 난다'라는 말이 사회적 진리로 통

용되었다. 여기서 '개천'이란 경제직 능력노 없고 소위 '빽'도 없는 집안을 말한다. 가난한 집 출신의 청년들도 노력만 하면 얼마든지 상위 '리그'에 들어갈 수 있다는 이야기였고, 수많은 사례가 이와 같은 계층상승의 탄력성을 증명해줬다. 그러나 고도성장 이후 계층 간 소득격차가 갈수록 심화했고, 엎친 데 덮친 격으로 사회 전체가 무한 경쟁의 소용돌이에 휘말리면서 개천에서 용이 나는 일은 거의 사라졌다. 돈 없이 애들을 잘 키우는 일이 갈수록 힘들어지고 있는 것이다. 용은 이제 개천이 아니라 용의 가문에서만 나온다.

자신을 알려면 자신만이 아니라 자신이 속해 있는 관계의 망과 그 관계의 속성을 잘 알아야 한다. 왜냐하면 모든 인간은 관계적 존재이고 관계 속에서 자신의 '존재성'을 갖기 때문이다. 앞에서 불공정한 경쟁에 관해 이야기한 이유가 있다. 가령 당신이 경쟁에서 패배한 사람이라면, 그것이 꼭 당신이 능력이 없거나 불성실했기 때문만은 아니라는 사실을 알아야 한다. 물론 한계 내에서 우리는 현재의 '나'보다 늘 더 성실했기를, 그리고 성실하기를 바란다. 그런 전제하에서 이야기하는 것이다. 만일 부모님의 소득이 지금보다 훨씬 더 좋았더라면 당신의 운명은 크게 바뀌었을 수도 있다. 소득이 높은 만큼 당신에게 더욱 전폭적인 지원이 가능했을 것이고, 소수점까지 따지는 경쟁사회에서 그것은 당신에게 한결 유리한 기회를 제공했을 것이다. 소득이 높을수록 선택과 대안의 폭도 넓어진다. 한국의 교육제도가 맞지 않으면 유학을 감행했을 수도 있고 다른 교육, 다른 평가제도 아래에서 당신의 능력은 다른 평가를 받았을 수도 있다. 장하준 교수의 한 강연에 따르면, 복지국가일수록 사회계층 측면에서 부모 자식 사이의 상관관계가 떨어진다는 분석이 있다. 진정한 복지국가란 '기회의 균등'뿐만 아니라 '결과의 균등'까지 고민하는 나라이기 때문이다.

예를 들어 스웨덴은 부모의 소득수준과 자녀의 소득수준이 일치할 가능성이 20퍼센트에 불과한 반면, 상대적으로 복지수준이 낮은 미국에서는 자녀들 80퍼센트의 인생이 어느 가문에서 태어나느냐에 따라 결정된다. 오죽하면 미국의 민주당 대선후보였던 버니 샌더스는 "아메리칸 드림을 추구하려면 스칸디나비아 국가로 가라"고 말했을까. 말말로 아무런 경제적인 부담 없이 노량진 학원가에서 공무원 시험을 준비하는 수험생과 그럴 능력이 없어서 중요한 시험 정보와 족집게 강의로부터 유리된 채 동네 독서실에서 준비를 해야 하는 수험생 사이의 경쟁을 '공정한' 경쟁이라고 할 수는 없는 것이다.

모든 원인을
자신에게만 돌리는 것은
세계를 반쪽밖에 보지 못하는 것이다.
만일 자기반성을 넘어
극단적인 자기모멸 혹은
자기혐오에 시달리고 있는 사람이 있다면,
반쯤은 책임을 '불공정한 경쟁'으로 돌리고
반쯤은 자신을 용서하고 사랑해도 된다.

그러니 능력 없는 부모를 탓하자는 이야기가 아니다. 객관적 거리를 가지고 자신을 들여다보자는 이야기다. 불공정한 경쟁을 부채질하는 사회는 불공정성을 감추고 경쟁을 합리화하기 위해 실패의 모든 원인을 개인의 잘못으로 돌린다. 말하자면 시스템 때문이 아니라 본인이 불성실하고, 비계획적이고, 게으르고, 의지가 약하고, 머리가 나빠서 경쟁에 뒤처졌다고 생각하게 만드는 것이다. 그리하여 경쟁은 페어플레이의 빛나는 광장이 되고, 패배자들은 자기비하와 열등감의 어두운 동굴 속에 갇히게 된다. 그래야 불공정 경쟁이 합리화되니까.

물론 우리는 어느 때나, 어느 곳에서나 '자성'의 태도를 가져야 한다. 자기반성이야말로 우리의 진정한 무기이고 힘이다. 그러나 모든 원인을 자신에게만 돌리는 것은 세계를 반쪽밖에 보지 못하는 것이다. 만일 자기반성을 넘어 극단적인 자기모멸 혹은 자기혐오에 시달리고 있는 사람이 있다면, 반쯤은 책임을 '불공정한 경쟁'으로 돌리고 반쯤은 자신을 용서하고 사랑해도 된다. 그것이 엄연한 현실이기 때문이다. 개인적인 이유도 있겠지만, 동시에 일정 정도 시스템의 피해자이기도 한 자신을 더욱 사랑하고 아낄 줄도 알아야 한다. '그들만의 리그'에는 우리 사회의 소수만이 들어가 있다. '나'

개기는
인생도
괜찮다

같은 다른 '나'들이 이 사회에 훨씬 더 많다. 그리고 그 모든 다른 '나'들과 함께 우리 사회가 공정한 기회와 공정한 결과를 제공하는 사회가 되도록 다방면의 노력을 기울여야 할 것이다. 왜냐하면 이런 삶은 '나'로 끝나는 것이 아니라, '나'와 수많은 다른 '나'의 자식들로 계속 이어질 것이기 때문이다.

다른 집 애들처럼
살지 않기

조지 엘리엇의 『플로스 강변의 물방앗간 The Mill on the Floss』의 앞부분을 보면 주인공 매기의 어머니가 '다른 집 애들처럼' 자기 딸의 헤어스타일을 고집하는 대목이 나온다. 다른 집 애들처럼 살아야 '안전빵'이라고 생각하기 때문이다.

국가 단위의 부는 소위 '선진국' 수준이라지만 개인 단위로 볼 때 사는 일은 녹록지 않다. 현재 오십 대 중후반의 나이에 있는 친구들을 보면 대부분 '우연'과 '요행'에 모든 것을 걸고 산다. 직장에서 쫓겨나고, 가진 돈도 없고, 평균수명이 늘어나 앞으로도 이삼십 년을 더 살아야 하는데 아무런 노후대책도 없다. 자식들은 부모 부양의 성서나 능력도 없다. 가족이나 친구, 국가를 포함한 그 무엇도 이들의 생계, 아니 생명을 책임져주지 않는다. 걸리는 대로, 닥치는 대로 일을 하니, 이 모든 게 대책 없는 '모험'이다. 동네 가게들은 수시로 주인이 바뀌고, 가게 외에 달리할 것도 없어 퇴직금을 털어 가게를 열었다가 거덜 나는 사람이 한둘이 아니다. 한마디로 말해 '불안사회'다.

불안사회를 주도하는 대표적 정서는 남들처럼 사는 것이다. 매기의 어머니가 '다른 집 애들처럼' 자기 딸이 자라주기를 바라는 것도 불안 때문이다. 불안을 조장하는 사회는 수많은 '자동인형'을 양산한다. 주체적이고 비판적인 사유를 포기한 '일차원적인 인간'들 말이다. 자기 생각이 없으니 남들이 하는 대로 따라 하고, 남들이 사는 방식을 서둘러 쫓아간다. 그러니 속된 말로 '가랑이가 찢어지는' 것이다. 국가 단위의 부가 증가하면서 소비지수가 엄청나게 높아졌다. 성인 식구 수대로 자가용이 다 있어야 하고, 일주일에 한 번 정도 외식을 해야 하며, 가끔 해외여행도 가줘야 하고, 신발도 나이키나 아디다스 정도는 신어줘야 한다. 남들이 하는 소비 패턴을 따라 하지 않으면 불행하다고 생각한다. 이런 소비문화의 배후에는 산업과 자본이 있다. (그럴 리는 없겠지만) 만일 압도적 다수가 이런 식의 소비를 거부한다면 시스템은 당장 무너지고 말 것이다. 그러니까 시스템은 자동인형의 양산을 선호할 수밖에 없다. 그래서 대부분의 사람은 다른 집 애들처럼 살도록 '유도'된다. 쥐꼬리만 한 월급으로 집채만 한 사교육비를 지급한다. 우리 애들도 '다른 집 애들처럼' 키워야 하니까.

그러나 생각해보라. 인구 대비 '세속적(!)' '성공 인구'를 넉넉히 상위 10퍼센트로 잡아보자. '다른 집 애들처럼' 죽어라 키워봐야 확률적으로 90퍼센트는 세속적 실패자, 소위 루저가 된다. 그렇게 죽자 살자 사교육에 몰두하고 있는 학부모의 90퍼센트는 어차피 '공부 못하는' 자식을 둘 수밖에 없다. 결국 '다른 집 애들처럼'의 방식대로 사는 것은 불안과 공포 때문에, 90퍼센트의 실패 확률에 모든 것을 투자하는 일이다.

'불안사회'의 불안을 해소할 궁극적인 책임은 당연히 국가에 있다. 그러나 그 성취가 더디다면 당장 어떻게 살 것인가. 이것 역시 또 하나의 모험이지만, 다른 집 애들처럼 살지 말아야 한다. 그러자면 가치의 전복이 필요하다. 대기업에 입사를 못하면, 세칭 명문대에 들어가지 못하면, 연봉이 얼마 이상이 아니면 실패한 인생이라는 단순하고도 '못된' 생각에

'다른 집 애들처럼' 세상을 보면
철조망 구멍밖에 보이는 것이 없다.
아쉽게도 그 길은
대부분의 사람에게 출구가 아니다.
그러니 다른 길과 다른 가치와
다른 세상에 대한 상상력이 필요하다.

도전하는 것이다.

오래전 바닷가의 한 호텔에서 우연히 목격한 일이다. 변전소를 에워싼 철조망에 갈매기 한 마리가 갇힌 채 쩔쩔매고 있었다. 철조망 안으로 날아 들어온 갈매기는 철조망의 구멍만을 유일한 출구로 생각하는 것 같았다. 구멍마다 목을 들이밀며 갈매기는 무려 한 시간 이상을 헤매다가 겨우 날아갔다. 그 한 시간 동안 갈매기는 자신에게 날개가 있다는 사실을 망각했던 것이다. '다른 집 애들처럼' 세상을 보면 철조망 구멍밖에 보이는 것이 없다. 아쉽게도 그 길은 대부분의 사람에게 출구가 아니다. 그러니 다른 길과 다른 가치와 다른 세상에 대한 상상력이 필요하다. 자동인형이 아니라 다양성을 앞세운 창조적 개체들이 넘칠 때, 시스템은 반성의 계기를 갖게 될 것이다. 획일성을 거부하는 것이야말로 존엄한 인간이 할 일이다.

90년대 초반 학번의 K라는 제자가 있었다. K는 입학 때부터 소위 '튀는' 학생이었다. 언더그라운드 뮤지션을 연상케 하는 장발에 이상야릇한(?) 색깔로 염색한 그의 헤어스타일은 도발적이었다. 그의 근육질 몸은 외모만 따지자면 무시무시한 조폭 몇을 합쳐놓은 것 같았다. K는 공부에는 전혀 관심이 없어보였고 늘 꺼들먹거리며 다니는 것처럼 보였다.

그러나 자세히 들여다보면 그는 누구보다도 개성이 강한 청년이었다.

K 역시 내가 앞에서 말한 '개골목'의 동지 중 한 명이었다. 나는 '개골목'에서 그와 수시로 술을 마셨고 그에 관해 더욱 많은 것을 알게 되었다. 범생이들에게는 때로 혐오감(?)을 주었을지도 모를 그의 외양은 그의 개성의 다른 표현이었다. 그는 누구와도 다른 자기만의 세계를 갖고 싶어 했고, 튀는 외모는 그것의 한 표현이었다. 그는 자신만의 세계를 열심히 만들어가고 있었다. 어머님에게 늘 걱정과 근심의 대상이었던 그는 애니메이션에 미쳐 있었고, 그 방면에서 또래의 그 누구보다도 많은 지식과 정보를 가지고 있었다. 학점은 개판이었지만 학점은 그의 '세계'가 아니었다. 나는 K의 개성을 존중해주었고, 응원해주었고, 격려해주었다. 그때는 몰랐지만 오랜 세월이 지난 후 나는 K로부터 당시에 내가 한 격려가 그에게 큰 힘이 되었다는 고백과 감사의 인사를 들었다.

일일이 모든 과정을 다 설명할 수는 없지만, 이제 사십 대 초반인 그는 지금 제법 큰 규모의 사업가가 되었다. 중간에 십여 년간 그와 연락이 끊어졌고, 우연한 기회에 다시 연락이 닿았을 때 내가 사는 동네의 구청 뒷길에서 그와 만나기로 약속을 했다. 그는 뒷길에 자기 차를 주차해놓을 테니 거기서 보자고 했다. 구청 뒷길에는 평소에도 줄잡아 수십 대의 차들이 주차되어 있었고 거기에서 K의 차를 내가 어떻게 알아보냐고 물었더니, 그의 대답이 걸작이었다. "교수님, 와서 보시면 바로 알아요." 나는 껄껄 웃으며 현장으로 갔고, 그의 말대로 '바로' 그의 차를 알아봤다. 길가에 주차된 수십 대의 차량 중 유난히 납작한 노란 차가 시선을 끌었던 것이다. 역시 K다웠다. 회색, 흰색, 검은색의 '다른 집 애들 같은' 평범한 차를 그가 타고 다닐 리 만무했던 것이다. 그리고 외제차처럼 보였던 그 노란 차는 놀랍게도 이제는 단종된 지 오래인, 듣도 보도 못한 국산차였다. 자리에 앉으니 낡은 좌석의 스프링이 꿈틀거리는 게 느껴졌다. 그 옛날 카세트 플레이어만 있을 뿐 CD플레이어도 없는 작고 납작한 노란 차는 우리 둘의 웃음소리를 가득 담고 음식점으로 향했다.

K는 지금까지 많은 것을 이루었다. 그런데 그중에서도 눈에 띄는 것은, 그가 어린 시절부터 함께 애니메이션에 미쳐 지냈던 친구의 약속을 지킨 것이었다. 그들은 어려서부터 나중에 어른이 되어 애니메이션 전문 출판사를 차리자고 의기투합했었는데, 마침내 성인이 되어 그 꿈을 실현하고 있었다. 그의 다른 사업과 비교해볼 때 이 출판사는 상대적으로

개기는
인생도
괜찮다

규모가 작다. 그러나 이들은 꿈을 이뤘다. 이 출판사는 규모와 무관하게 지금은 제법 긴 역사를 가지고 있다. 얼마 전 내가 (대중문화 연구 차원에서) 국민 MC 송해 선생님의 평전 『나는 딴따라다』를 이 출판사에서 낸 이유가 여기에 있다. 출판사 이름도 '스튜디오 본프리'다. 본프리born free, 자유롭게 태어났다는 거다. 다른 집 애들처럼 사는 게 능사가 아니다.

나는 정말
나인가

사람들은 대부분 자신의 신념과 생각에 따라 자신의 인생을 살고 있다고 생각한다. 근대 개인주의가 만들어낸 '자유로운 개인'의 개념이 이런 것이다. '나'는 그 누구의 명령이나 지시가 아닌 바로 '나' 자신의 뜻에 따라 살고 있으며, '나'는 그 누구도 아닌 바로 '나'라는 생각은 얼마나 소중한가.

그러나 실제로 '나'는 진정한 '나'의 주인인가? 에리히 프롬Erich Fromm 은 『자유로부터의 도피Escape from Freedom』에서 '그렇지 않다'고 대답한다. 물론 우리 중에 진정한 개인 true individual 들도 있겠지만, 프롬에 의하면 개인들이 진짜 자신이리고 믿고 있는 것, 진짜 '사신의' 생각, 느낌, 소망이라고 믿고 있는 것은 대부분 환상에 불과하다. 개인들은 자기 생각, 느낌, 소망에 따라 사는 것이 아니라 대체로 그 사회를 지배하는 통념을 따라 산다. 문제는 이렇게 외부로부터 들어온 통념이나 가치를 '자신의' 것으로 착각하는 데에 있다. 사람들은 왜 자기 생각을 따르지 않고 자기 바깥의 '통념'을 따를까. 그것이 가장 안전하다고 생각하기 때문이다. 통념과 다른 생각을 가질 때 개인들은 왕따를 당할까 두려워한다. 그래서 스스로 '다수'가 지향하는 가치들을 따름으로써 즉 다수 안으로 들어감으로써 사회적 안전을 확보한다. 통념을 따르는 것은 동물의 보호색과도 유사한 기능을 한다. 주위와 유사한 색깔을 가짐으로써 스스로 안전하다고 생각하는 것이다.

각 개인은 겉으로는 '자유'를 꿈꾸는 것 같지만 실제로는 이렇게 자유로부터 도피한다. 개인들은 왜 자유로부터 도망칠까. 그 이유는 간단하다. 말 그대로 '자유로운 개인'으로 산다는 것이 간단한 일이 아니며 매우 어려운 일이기 때문이다. 자유롭게 살기 위해서는 무엇보다도 뚜렷한 자기 생각과 느낌, 소망이 있어야 한다. '자신의' 생각이 없을 때 '자신'이라는 존재도 없는 것이다. 이런 점에서 '자신의' 생각을 갖는다는 것은 보호색을 버리는 행위이기도 하다. 보호색을 버리고 '자신의' 생각과 느낌과 소망을 노출할 때, 자기 바깥의 세계와 충돌할 가능성도 커진다. 바깥 세계가 자신보다 힘이 셀 경우 개인은 그 바깥 세계로부터 공격을 당하거나 소외당할 가능성이 높아진다. 아직 '진정한 자아genuine self'를 확보하지 못한 개인은 이와 같은 위험과 불안을 감당하지 못한다. 그리하여 배아 상태의 자신을 포기하고 외부로부터 주어진 통념을 받아들임으로써 위험에서 벗어나고자 한다. 문제는 여기에서 시작된다. 안전을 위해 바깥의 생각을 받아들인 대부분의 개인은 그것을 '자신의' 생각이라고 착각하며 합리화한다. 프롬은 이런 개인을 '가짜 자아pseudo self'라고 부른다. 가짜 자아는 진정한 자아의 가능성 자체를 상실하며 자신 안의 '가짜'를 '진짜' 자아로 착각한다.

프롬은 재미있는 예를 드는데, 가령 어린아이들에게 학교에 가고 싶으냐고 물어봤을 때 '물론이죠'라고 대답한다면, 많은 경우 이는 사실이 아니라는 것이다. 왜냐하면 학생들은 학교에 가고 싶어 하기도 하지만 때로는 학교에 가지 않고 놀거나 다른 짓을 하고 싶어 하기 때문이다. 즉 학생들이 '나는 매일 학교 가기를 원한다'고 말한다면, 이는 원치 않는 숙제와 시험 준비 등을 하고 싶어 하지 않는 자신을 억

진정한 자유는 오로지 '진정한 자아'가 있을 때 가능하다. 그것은 늘 '생각하면서 사는 삶'이 전제되어야 하고, 때로 위험에 자신을 노출하는 것을 두려워하지 말아야 하며, 통념의 횡포에 저항하는 용기가 있어야 한다.

압하고 있는 것이며, 이와 같은 억압은 그들이 매일 학교에 가고 싶어 하기를 바라는 부모의 기대를 반영한 결과라는 것이다. 학생들의 '진정한 자아'는 학교에 가고 싶기도 하고 가끔은 가고 싶지 않을 때도 있다고 말해야 한다는 것이다. 그러나 '가짜 자아'는 외부, 이 경우 부모의 견해를 받아들여 그것이 마치 자신의 견해인 것처럼 위장한다. 그래야 거부당하지 않고 안전하기 때문이다.

프롬은 또한 어머니의 외도를 목격한 한 어린아이의 예를 언급한다. 어머니는 평소 아이에게 자신이 정의롭고 정숙한 여인임을 늘 강조했고 그렇게 가르쳤다. 그러던 어느 날 아이는 우연히 엄마에게 남자친구가 있고 엄마가 아빠 몰래 불륜을 즐기고 있다는 사실을 알게 된다. 그러나 아이는 집 안에서 아무런 권위도 힘도 없는 '나약한' 아빠에게 이 사실을 말하지 못한다. 아이가 결국 엄마에게 항의하자 엄마는 온갖 감언이설을 동원해 자신의 '정숙함'을 증명한다. 아이가 잘못 알고 있다고 계속 인지시키는 것이다. 아이는 혼란에 빠지게 되고 결국 어머니의 '정숙함'을 받아들이게 된다. 이렇게 해서 현실에 대한 아이의 '비판적' 시각은 처음으로 억압된다. 아이는 그 이후로도 어머니가 정숙하고 윤리적이라는 '어머니의' 의견을 마치 '자신의' 의견인 것처럼 착각하고 살아간다. 그것이 분란을 사전에 방지하고 안전하게 살아가는 길이기 때문이다. 그러나 이 경우에도 아이의 '진정한 자아'는 사라지고 '가짜 자아'가 아이의 주인 행세를 하는 것이다.

평범한 사람들이 가지고 있는 정치적 입장들도 마찬가지다. 많은 사람이 '자신의' 정치적 의견이라고 주장하는 것은 실제로는 자신의 '진정한 자아'가 만든 것이 아닌 경우가 많다. 그들이 가지고 있는 정치적 입장은 대부분 그들 자신도 모르게 강력한 미디어들이 그들에게 전달한 것이다. 일종의 '여론 조작'을 통해 다수의 사람이 '자신의' 입장이 아닌 '여론'을 '자신의' 입장이라고 착각한다. 그들 중 상당수는 정치를 전혀 알지 못하거나 현실의 구조를 모르는 경우가 많다는 이야기다. 예를 들어 가난하고 교육받지 못한 하류계층의 노인들이 그들의 계급에 사실상 적대적인 세력, 즉 상류층의 이해관계를 대변하는 극우 보수정당에 표를 던지는 행위가 이런 것이다. 선거 때마다 일어나는 이런 현상은 얼마나 많은 사람이 '가짜 자아'에 자신을 파는지를 정확히 보여준다.

한나 아렌트Hannah Arendt는 『예루살렘의 아이히만』에서 그 유명한 "악의 평범성banality of evil"에 관해 이야기하면서 '아무런 생각 없이 사는 것'이야말로 죄라고 말한다. 여기에서 '아무런 생각 없이 사는 것'은 바로 다수 혹은 통념이라는 보호색으로 들어가 '진정한 자아'를 버리고 '가짜 자아'로 살아가는 것을 의미한다. 그리고 이렇게 가짜 자아로 살아갈 때, 우리는 진정한 '자유로부터 도피'하고 있는 것이다. 진정한 자유는 오로지 '진정한 자아'가 있을 때 가능하다. 그러나 진정한 자아로 살아가기는 쉽지 않다. 왜냐하면 늘 '생각하면서 사는 삶'이 전제되어야 하고, 때로 위험에 자신을 노출하는 것을 두려워하지 말아야 하며, 통념의 횡포에 저항하는 용기가 있어야 하기 때문이다. 이런 삶은 간혹 다수의 가짜 자아들에게 '삐딱하게 사는 삶'으로 보일 때도 있다. 그러나 남이야 뭐라고 말하건 삐딱해야 할 부분에서 삐딱한 것이야말로 정의롭고도 자유로운 삶이다. 자유는 늘 진리와 함께하고 용기와 함께하며 정의와 함께하기 때문이다.

어떻게 살 것인가. '나는 정말 나인가?'라고 매일 자신에게 물어봐야 한다. 그리고 '진정한 자아'의 목소리를 찾아야 한다. 존엄한 인간이 '가짜 자아'의 노예가 되어 살 수는 없지 않은가.

무슨 일을 하며
살 것인가

대학에 오래 있다 보니 학생들이 진로 문제로 자주 상담을 요청해온다. 놀라운 것은 대학 졸업을 앞두고도 의외로 많은 학생이 무엇을 해야 좋을지 모른다는 사실이다. 무엇을 해야 좋을지 모른다는 것은 간단히 말해 자신이 어떤 사람인지를 잘 모른다는 것이다. 어려서부터 입시 때문에 앞만 보고 달려오느라 '자기 연구'가 제대로 안 된 탓이다. 나만 해도 고등학교 때 적성에도 맞지 않는 이과를 선택했다가 곤욕을 치렀다. 그러니 무엇을 해야 좋을지 생각하기 이전에 '나는 어떤 사람인가'를 먼저 연구해야 한다. 나의 재능이 무엇인지, 내 인생을 지배해온 가치들이 어떤 것인지 알아야 한다. 사실 이런 것들은 초등학교나 중학교 때부터 깊이 탐구되어야 하는 것이다. 북미의 초등학교나 중고등학교에서는 이런 '자기 탐구'가 아예 교과목으로 자리 잡고 있어서 학생들은 이 과목을 통해 자신과 세상을 알아가게 되고, 이를 토대로 자신의 미래를 설계한다. 그래서 빠르게는 중학교 시절에, 늦어도 고등학교를 졸업하기 이전에 대부분의 학생이 미래에 대한 구체적인 계획을 세운다. 이를테면 두뇌검사, 적성검사, 감성지수검사 등을 통해 자신의 재능이 어느 쪽에 있는지 확인하는 것은 기본이고, 여러 분야의 직업군에 있는 사람들을 모셔와 현장의 이야기를 듣고, 궁금한 것들을 현장에 있는 사람들에게 직접 물어봄으로써 세상의 이모저모를 알아간다. 학생들은 다양한 직업군에 속해 있는 사람들로부터 그 일의 성격이나 가치, 난이도, 보람, 근무조건, 사회적 인지도, 미래성, 심지어 연봉까지도 상세히 알게 된다.

　한국에서는 이 모든 것이 개인에게 맡겨져 있다. 학생들은 허구한 날 공부에 시달리니 그런 생각을 할 틈도 없다. 그러다 보니 대부분의 학생이 (사실상) 궁극적인 목표나 이유도 없는 상태에서 죽어라 공부만 하는 '공허한' 상황이 벌어진다. 도대체 목표와 이유가 없는 일을 왜 그렇게 열심히 해야 할까. 분명한 목표와 타당한 이유가 있다면 공부하는 일도 훨씬 덜 휘들 것이다. 많은 학생이 공부를 잘해야 한다는 막연한 생각만 가지고 있지, 그것을 구체적인 삶의 목표와 잘 연결시키지 못한다. 그러다가 나이를 먹고 취업할 때가 다가오면 대부분의 학생이 사회적 통념을 따라 움직인다. '진정한 자아'가 아닌 '가짜 자아'가 이들을 지배하는 것이다.

대학을 졸업하는 학생들 대다수는 적성과 가치를 따지지도 않고 대기업에 취직하기를 원한다. 그 이유는 간단하다. 사회적 인지도가 높고 연봉이 많기 때문이다. 그게 아니면 공기업에 들어가기를 원한다. 이유는 간단하다. 대우도 좋고 직업의 안정성이 있기 때문이다. 또 많은 학생이 공무원이 되길 원한다. 이유는 간단하다. 평생 '철밥통'과 은퇴 후의 연금이 보장하는 생활의 안정성 때문이다. 대학생들의 직업 선호도는 이렇듯 한결같이 그 일 자체를 좋아한다는 내부의 원인이 아니라, 보수와 안정성이라는 외부의 기준에 따라서 결정된다. 이와 같은 선택에는 개인의 적성과 재능, 그리고 그 일의 가치에 대한 고려가 전혀 없다. 학생들은 자신들을 마치 '자동인형'처럼 생각한다. 적성과 재능에 상관없이 그런 직장에 들어가면 그저 무슨 기계처럼 자신의 인생이 굴러갈 것이라고 생각하는 것이다. 학생들이 개성 무관, 재능 무시, 동일한 기준으로 유사한 필드에 다 몰려들다보니, 이런 분야들은 사상 유례없는 경쟁의 전쟁터가 되었다. 정부 인사혁신처의 자료에 따르면 2016년 9급 공무원의 합격률은 1.9퍼센트, 7급 공무원의 합격률은 1.4퍼센트에 지나지 않는다. 합격률을 넉넉잡아 2퍼센트라 해도 2016년에 7급, 9급 공무원에 응시한 사람들의 98퍼센트가 낙방했다는 이야기다.

경쟁이 가장 치열하다는 것은 실패할 확률이 가장 높다는 것을 의미함에도 불구하고, 통념에 따라 '다른 집 애들처럼' 모두 (패배가 예정된) 한곳으로 달려가는 문화는 좀체 바뀌지 않는다. 평생 자신의 진짜 자아를 한 번도 만나보지 못한 사람들이 가짜 자아를 진짜 자아로 착각하고 불나방처럼 동일한 목표를 향해 달려드는 것이다. 한국처럼 통념이 개인의 생각을 광범위하게 지배하는 사회도 드물 것이다.

그러므로 '무슨 일을 하며 살 것인가'라는 질문은 먼저 '나는 누구인가'라는 질문으로 바뀌어야 한다. 우리는 모두 이 세상에 단 하나밖에 없는 '특별한' 존재들이다. 사람들은 저마다 다른 개성과 재능, 그리고 능력을 갖추고 있다. 우리가 세상에서 무슨 일인가를 한다는 것은 이렇게 저마다 가지고 있는 고유한 능력을 서로 교환하는 것이다. 남이 할 수 없는 일을 내가 하고, 내가 할 수 없는 일을 다른 재능을 가진 다른 사람들이 함으로써 세상은 잘 맞는 톱니바퀴처럼 맞물

Who am I ?

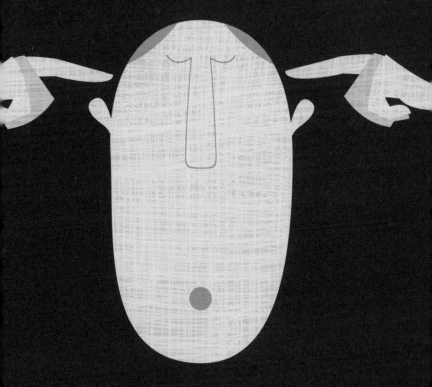

'무슨 일을 하며 살 것인가'라는 질문은 '나는 누구인가'
라는 질문으로 바뀌어야 한다. 우리는 모두 이 세상에 단
하나밖에 없는 '특별한' 존재들이다. 사람들은 저마다 다
른 개성과 재능, 그리고 능력을 갖추고 있다. 우리가 세
상에서 무슨 일인가를 한다는 것은 이렇게 저마다 가지
고 있는 고유한 능력을 서로 교환하는 것이다.

려 돌아갈 것이다.

자신의 재능과 능력을 정확히 파악한 다음에 할 일은 그 재능과 능력에 맞는 직업을 선택하는 것이다. 즉, 자신이 정말 좋아하는 일, (설사 근무조건이 좋지 않고 때로 미래가 보장되지 않을지라도) 평생 목숨 걸고, 애정을 가지고 할 수 있는 일을 선택해야 한다. 사회적 통념에 따라 적성에도 맞지 않는 일을 직업으로 선택하는 일처럼 우둔한 일은 없다. 그런 사람들은 좋은 대우 외에는 그 직장에서 얻을 것이 없으므로 월요일이면 '불금'을 기다릴 것이고, 출근하면 퇴근 시간을 기다릴 것이다. 세상에서 가장 '지리멸렬한' 생이 이런 생이다. 그러나 그것을 안 하면 살 가치가 없는 일, 이 세상에서 내가 가장 좋아하는 일, 그것을 위해서라면 모든 것을 바칠 만한 가치가 있는 일을 직업으로 선택한다면 사정이 달라진다. 특정 분야에서 두각을 나타내는 사람들은 대부분 이런 사람들이다. 이런 사람들은 외부로부터의 명령이 아닌 자기 내부로부터의 명령, 즉 철저한 자발성spontaneity 에 의해 움직인다. 이런 사람들은 하지 말라고 해도 더 많은 일을 하며, 보수가 아니라 자신이 하는 일 자체에서 자존감과 행복을 느낀다.

피카소가 죽을 때 남긴 작품의 수는 무려 4만 5,000점이 넘는다. 드로잉을 포함하여 그 대부분의 작품이 높은 평가를 받고 있다. 미치도록 자신의 일을 사랑하지 않고서야 이런 사건은 일어나지 않는다. 1954년에 노벨문학상을 받은 헤밍웨이는 『무기여 잘 있거라』의 마지막 쪽을 자신이 완전히 만족할 때까지 무려 39번이나 다시 썼다. 기자가 그 이유를 묻자 헤밍웨이의 대답은 간단했다. "올바른 단어를 찾기 위해서였지요." 글쓰기를 정말 좋아하고 그것에 미치지 않는 한, 이런 일은 일어나지 않는다.

이 모든 일을 가능케 하는 것이 바로 '자발성'이다. 자발성은 통념을 따라가기에 바쁜 '가짜 자아'에게서는 절대 나오지 않는다. 자발성은 오로지 '진짜 자아'에게서만 나오는 것이다. 그리고 자발성은 진짜 자아가 좋아하는 분야에서만 발현된다. 자신의 적성에 가장 잘 맞고, 또 자신이 가장 하고 싶은 일을 할 때, 한 개인이 가지고 있는 능력도 최고도로 발휘될 것이다. 능력이 최고도로 발현되므로 성공할 확률도 높아질 것이다. 오히려 적성에 맞지 않으나 '다른 집 애들'이 가니까 우르르 따라간 길에서 실패할 확률이 높다. 당장 근무조건이 좋지 않더라도 미치도록 사랑하고 좋아하는 일을 할 때 최상의 성과를 거둘 수 있다. 그리고 돈과 명예 역시 천천히 뒤따라올 가능성도 훨씬 더 커진다. 설사 그런 것들이 따라오지 않을지라도 정말 하고 싶은 일을 직업으로 가지고 있는 사람은 행복하고 자존감이 높다. 그래서 나는 나를 찾아오는 학생들에게 말한다. 사람들 눈치 보지 말고, 자신이 정말 '하고 싶은' 일을 하며 살라고. 그리고 그 일이 개인에게만이 아니라 사회적으로도 가치가 있는 일이면 금상첨화라고.

사랑에
굴복하라

캠퍼스 커플이었던 남학생 A와 여학생 B가 있었다. 이들도 '개골목'의 동지들이었다. 수줍음이 많았던 B보다 A가 나와 더 자주 어울렸다. 그는 학과 동아리인 '영어연극반'에도 열심히 참여했다. 영어연극반은 작품을 골라 일년에 한 번씩 학생극장에서 영어로 공연을 올리는 동아리였다. 연극 한 편을 올리기 위해서는 수많은 학생의 참여가 필요했다. 배우들도 필요하고 연출가도 필요하고 무대미술을 담당할 친구들도 필요했다. 그 외에 연극반 살림을 전체적으로 도맡아 할 일종의 '총무' 같은 직책도 필요했다. 이들은 모두 모여 영어 원서로 된 대본을 함께 읽고 수개월의 협업 끝에 완성된 연극을 무대에 올리곤 했다. A가 이 동아리에서 활동했던 것은 나름의 꿈이 있었기 때문이었다. 그는 졸업 후에 방송국 PD가 되기를 원했다. A는 매우 활달하고 자신감에 넘쳐 있었으며 매사에 선이 굵은 씩씩한 친구였다. 반면에 B는 빼어난 미모에 매우 얌전하고 착했으며 조용한 친구였다.

졸업을 앞둔 마지막 학기의 어느 날, A와 B가 나를 찾아왔다. A는 이미 모 방송국의 조연출로 취업이 된 상태였다. 졸업 후에 결혼을 하고자 하는데 신부가 될 B측의 부모님이 반대를 한다는 것이었다. 반대의 이유는 간단했다. A는 장래가 촉망되는 청년이었지만 집안이 가난했고 전라도 출신이었다. B는 부산 지역에서 알아주는 부잣집 출신이었다. B의 부모님은 자신들의 예비 사위가 전라도 출신인 데다 집안이 가난하니까 받아들일 수 없다는 것이었다. A가 이미 방송국에 취직이 됐지만, 그 정도로 딸의 행복한 미래가 보장될 수 없다고 생각한다는 것이었다. 대학 시절 내내 캠퍼스 커플로 부러움의 대상이었던 이들은 결혼을 앞두고 난관에 부딪혔다.

이 커플은 내게 이 문제를 상의해왔다. 내가 던진 첫 번째 질문은 둘이 '정말로 사랑하는가'였다. 그들은 그렇다고 대답했다. 나는 그것을 전제로 이야기했다. 둘이 진실로 사랑한다면, 그 모든 반대에도 불구하고 반드시 결혼을 해야 한다고. 내 대답에 이들의 표정은 어두워졌다. 그러면 부모님의 반대는 어떻게 해야 하느냐는 것이었다. 나는 거꾸로 물었다. "만일 부모님이 반대해서 결혼하지 못하고 둘이 헤어진다면, 그것을 진정한 사랑이라고 할 수 있을까?" 혹시 그 이유로 헤어진다면 자네들은 서로를 진실로 사랑한 것이 아닐지도 모른다고 말했다. 물론 부모님을 설득할 수 있는 한 최대한 설득해야 할 것이다. 그러나 그것이 도저히 안 될 경우 집을 나오라고까지 했다. 당신들은 법적으로도 어린아이가 아니므로 스스로 자신의 결혼에 관해 결정할 권리와 책임이 있다고 말했다. 주례 설 사람이 없으면 내가 주례를 설 것이고, 마땅한 결혼식장이 없으면 '개골목'의 막걸릿집인 '할머니집'에서 결혼식을 올리면 된다고 했다. 당시에 B의 부모님이 교수랍시고 내가 이들에게 한 이런 충고를 들었더라면 아마도 내 연구실은 폭파됐을지도 모른다. 그러나 이 생각은 지금도 변함없다. 핑계 없는 무덤이 없다. 죽도록 사랑하는 커플이 (이것이 반드시 전제되어야 한다), 어떻게 둘 사이의 문제가 아닌 다른 이유로 헤어질 수가 있단 말인가.

그러나 현실은 다를 수도 있다. 결혼은 원시시대부터

정략결혼의 성격을 가지고 있었다. 구조주의 인류학자 레비스트로스가 지적했듯이 근친상간을 금지하는 규칙이 생기면서 원시부족들은 자연nature에서 문화culture로 넘어온다. 근친상간 금지 때문에 자기 종족 내부의 여성과 결혼할 수 없게 되자 부족과 부족 사이에 여성을 일종의 '선물'로 교환하는 문화가 생겨난다. 그리고 이 교환은 결혼 당사자들끼리의 '사랑'의 교환이 아니었다. 결혼은 작게는 가족과 가족 사이의 연합, 크게는 부족과 부족 간의 동맹의 상징이었다. 그리고 이 동맹은 양 집단 사이의 물질적 토대, 군사력, 외교적 이해관계 등 '사회적' 요인들에 대한 계산과 고려의 결과였다.

버지니아 울프는 『자기만의 방A Room of One's Own』에서 트리벨리언George Macaulay Trevelyan 교수의 『영국사History of England』를 인용해 1470년경 영국사회의 풍경을 다음과 같이 그리고 있다. 그 당시에는 "부모가 선택한 신사와 결혼하기를 거부하는 딸을 방에 가두고 구타하며 내동댕이친다 해도 여론에 전혀 충격적인 일이 아니었다. 결혼은 개인적인 애정의 문제가 아니었고 가족의 탐욕이 결부된 문제였으며, 특히 '기사도를 중시하는' 상류층에서 그러했다." 이것은 물론 15세기 후반 영국사회의 예이지만, 사실 정략결혼의 전통은 원시부족사회와 중세를 거쳐 현대에 이르기까지

사랑은 짧은 시간의 단위에 따라 변하지 않고 운명의 마지막 모서리까지 끝내 견뎌내는 것이지. 만일 이 생각이 잘못된 것이고 그것이 밝혀진다면, 나는 결코 글을 쓰지 않았을 것이고, 그 누구도 사랑하지 않았으리.

-윌리엄 셰익스피어의 「소네트」 116번 中

형태를 달리하며 내밀하게 지속되고 있다. 이는 결혼의 중요한 '속성' 중 하나다. 수많은 문학작품이 '정략'의 원칙을 깬 불운한 '사랑'의 이야기를 다룬다. 셰익스피어와 동시대 극작가인 J.웹스터John Webster 의 『몰피 공작부인The Duchess of Malfi』에서는 사별한 공작부인이 신분을 넘어 집사인 안토니오를 사랑한 죄로 자식들과 함께 오빠에게 모진 고문을 당하다 죽는다. 요즘 세상에 집안의 반대를 무릅쓰고 결혼한다고 해서 고문해서 죽이기까지 할 사람은 없겠지만, 고문보다 더 무서운 마음의 상처를 가족들로부터 받을 수도 있다. 그리고 이 과정에서 멀쩡했던 연인들의 관계에 금이 가고 결혼을 반대하는 주위의 요구대로 헤어지는 경우도 적지 않다. '사랑'과 '거래'가 일치하면 그것보다 더 좋은 일이 없겠지만, 여기에서 그런 '해피 케이스happy case'는 논할 필요가 없지 않은가.

물론 결혼이 인생의 최종 목표는 아니다. 또 모든 결혼이 행복을 보장해주는 것도 아니다. 가뜩이나 가난한 두 사람이 결혼을 해 가정을 꾸림으로써 두 배로 더 가난해지는 경우도 많이 봤다. 영국의 극작가인 버나드 쇼가 "결혼은 창문을 닫고 잘 수 없는 남자와 창문을 열고 잘 수 없는 여자 사이의 동맹"이라고 말한 것처럼, 결혼을 통해 두 사람이 서로 부족한 부분을 채워나갈 수도 있을 것이다. 누군가에게는 결혼이 '인생의 무덤'일 수도 있을 것이고, '사랑의 완성'일 수도 있을 것이다. 모든 사람이 다 결혼을 해야 할 이유도 없다. 문제의 본질은 결혼 자체가 아니라, 앞에서 이야기한 캠퍼스 커플의 경우처럼 당사자들이 서로 진실로 사랑하고 결혼하기를 원함에도 불구하고, 결혼의 '정략성' 때문에 장애가 생기는 경우다.

나는 A와 B에게 셰익스피어의 「소네트」 116번을 들려주었다.

> 진실로 사랑하는 사람들의 결혼을 방해하지 말지니.
>
> 변할 거리가 생겼을 때 변하고,
>
> 없앨 거리가 생겼을 때 없어지는 것은
>
> 사랑이 아니야.
>
> 오! 아니지. 사랑이란 영원히 고정되어 있는 표식이어서
>
> 폭풍우를 마주치고도 결코 흔들리지 않지.
>
> 그것은 모든 방황하는 돛단배들에게 별과도 같은 것,
>
> 그 높이는 알아도 그 가치는 모르는.
>
> 사랑은 시간의 노리개가 아니지, 비록 장밋빛 뺨과 입술이
>
> 시간의 구부러진 칼날 아래 있다 하더라도,
>
> 사랑은 짧은 시간의 단위에 따라 변하지 않고

운명의 마지막 모서리까지 끝내 견뎌내는 것이지.

만일 이 생각이 잘못된 것이고 그것이 밝혀진다면,

나는 결코 글을 쓰지 않았을 것이고, 그 누구도 사랑하지 않았으리.

A와 B는 졸업 이후에도 결혼을 하지 못한 상태로 한동안 교제를 계속했다. 그러다 소식이 끊어졌다. 이들은 결국 어떻게 되었을까. 부모님의 허락을 받아 결혼했다면 내게 연락이 오지 않았을 리가 만무했다. 부모님의 반대에도 불구하고 결혼을 했다면 더욱이 연락이 왔을 것이다. 이들의 연락 두절은 자꾸 불길한 생각을 하게 만든다. 이들은 집안의 반대로 결국 헤어지고 말았을까. 그렇다면 두 가지 추측이 가능하다. 이들은 진정으로 사랑하지 않았을 확률이 높다. 만일 진실로 사랑했음에도 불구하고 집안의 반대로 헤어졌다면, 이들의 사랑은 적어도 부모님에 대한 순종의 강도보다 약했던 것이다. 때로 불가피한 모험을 하지 않고 원하는 모든 것을 얻을 수 있다고 생각하는 것은 과도한 욕심이거나 착각이다. 선택의 기로에 섰을 때 무엇이 본질적인 것이고 무엇이 비본질적인 것인가를 따져야 한다. 그리하여 본질적인 것에 패를 던지고 나면, 그다음에 따르는 위험과 손실을 감수할 줄 알아야 한다. 그러나 이 경우에도 나쁜 상황을 예상하는

개기는
인생도
괜찮다

것은 불가피하나 단정 짓는 것은 위험하다. 왜냐하면 현실은 항상 변하기 때문이다. 쌍수를 들고 결혼에 반대했던 부모님도, 자식이 결혼해 손주를 낳고 나름 건강하고 행복하게 잘 살면 마음이 변하기도 하는 것이다. 지레 겁먹고 '안정'을 위해 '사랑'을 버려서는 안 될 것이다. 그렇게 버려지는 사랑이라면 그것은 애초에 사랑이 아니다. 그러니 진실로 사랑한다면, 사랑에 굴복하라.

어느 부잣집 아들의 이야기

L이 대학에 막 입학했을 때의 이야기다. 아직 분위기를 파악하지 못한 다른 신입생들이 어색하고 주눅 든 표정으로 캠퍼스를 오갈 무렵, L은 그들과는 전혀 다르게 활달하고 씩씩해서 눈에 금방 띄었다. 입학하자마자 학생들은 신입생 환영 엠티를 갔고, 나는 (L을 비롯한) 학생들과 여느 때처럼 밤새도록 술을 마시며 대화를 나눴다. 마당의 캠프파이어가 다 시들고 그 대신 새벽 동이 벌겋게 트는 것을 보고선 우리는 자리에 들었다. 엠티를 다녀온 후 L은 더욱 활발해져서 무엇이 그렇게 신이 나는지 매일 싱글벙글 웃고 다녔다. 한마디로 그는 '명랑 소년'이었다. 그를 보기만 해도 온

세상이 갑자기 즐거워지는 것 같았으니까. 1학년이라 주로 교양과목을 수강해야 했으므로 내 강의를 아직 들어본 적도 없는 이 친구는 '뻔뻔스럽게도(?)' 나를 마치 오래전부터 잘 알고 있는 '형님'처럼 대했다. 그때만 해도 나는 삼십 대 중반이었으니 그에게 '큰 영아빨'이긴 했다.

강의가 끝나고 집에 가기 위해 문과대 건물을 나와 걷다보면 이 친구와 종종 마주쳤는데, 그때마다 L은 넉살 좋게 인사를 했고, 그 유쾌한 인사를 받는 순간 하루의 피로가 다 풀리는 느낌이었다. 그의 '명랑'은 내게 그대로 전이되면서 나를 덩달아 '명랑 소년'으로 만드는 마력이 있었던 것이다. 인사가 끝나면 그는 씩 웃으면서 "교수님, 배고픈데 라면 좀 사주세요"라고 아무런 망설임 없이 이야기하곤 했는데, 나는 그의 넉살에 맛이 가서 바쁜 와중에도 그를 끌고 내려가 학교 앞 음식점에서 라면이나 짜장면 같은 것을 사주곤 했다. 어쩌다 내가 시간이 없다고 말하면, L은 한술 더 떠서 "그럼 라면값이라도 주고 가셔요"라고 말하는 것이었다. 그 배짱이 하도 신기하고 당돌해서 꼼짝없이 만 원짜리 한 장을 그의 손에 쥐어주곤 했다. 그의 자신만만하고 애교 넘치는 인사법은 이쪽의 부성을 자극해서, 나를 넉넉한 큰 스승 혹은 큰 형님, 아니면 아버지로 만드는 묘한 힘이 있었다. 더러 푼돈을 빼앗겨도 하나도 기분이 나쁘지 않았다. 나쁘기는커녕 그의 그런 행동 덕에 나는 넉넉하고 아량 있는 '큰 사람'이 되어가고 있었다.

　그러던 그가 2학년이 되었던 어느 날, 나는 그의 얼굴에서 그동안 한 번도 본 적이 없는 우울의 그림자를 보았다. 그의 아버지가 돌아가셨던 것이다. L과 그렇게 자주 자리를 가졌어도 나는 그의 집안에 대해 한 번도 물어본 적이 없었으므로 저간의 상황을 전혀 알지 못했다. 그의 아버지는 가난한 집안 출신으로 상고를 나와 자수성가한 의사였으며 철두철미 검소한 생활로 큰 자산을 일군 사람이었다. 젊었을 때부터 긴 세월 몸을 아끼지 않고 과로한 탓인지 L이 이제 겨우 대학 2학년, 스물한 살이었을 때, 그의 아버지는 위암으로 세상을 떴다. 아버지가 일궈놓은 재산 덕에 홀어머니 밑에서 아직 군대도 다녀오지 않은 그가 무슨 생계에 위협을 받거나 하는 상황은 아니었다. 그러나 그는 아버지를 잃은 상실의 고통에서 오랫동안 벗어나지 못했으며 예전의 '명랑 소년'으로 돌아가지 못했다. 세월이 흘러 그도 군대에 갔고 또 세월이 흘러 졸업을 했다. 그는 명랑 소년이었으되 공부를 명랑하게 잘하는 친구도 아니어서 다른 친구들처럼 대기업이나 공기업에 취업하는 것은 엄두도 내지 못했다. 그는 이런저런

아무리 힘들지라도
지금 살아 있는 바로 이 순간은 소중한 시간이다.
인상 쓰고 짜증 낸다고 해서
사정이 당장 바뀔 것이 아니라면,
대책 없이 '명랑'하게 사는 것도 한 방법이다.

과정을 거쳐 포장재를 보급하는 작은 회사에 취업했다. 아버지의 유산만으로도 그는 아무 일도 하지 않고 평생 잘 먹고 잘 살 수 있었지만, 그는 그 모든 유복한 조건을 마치 존재하지 않는 것으로 치부했다. 나는 평소 학생들에게 '꼰대' 스타일의 충고를 하는 것을 싫어했기 때문에 이 친구에게도 이래라저래라 한 마디도 거든 적이 없었다. 이것은 순전히 그의 결단이었다.

그가 다니던 회사는 말 그대로 작은 기업이어서 보수도 적었고, 그곳에서 아무리 열심히 일한다 한들 엄청난 미래가 보장되어 있는 것도 아니었다. 회사생활을 하는 와중에도 L은 틈틈이 나를 찾아왔고, 나는 그와 소주잔을 기울이며 그의 회사생활 이야기를 자주 들었다. 그는 회사에 가서도 '명랑 소년'의 위세를 유감없이 발휘하고 있었다. 그는 회사 전체를 '명랑 왕국'으로 만들어가는 데 천재적인 소질을 보여주고 있었다. 어둡고 칙칙하며 짜증으로 가득 찼던 회사는 그 덕분에 밝고 경쾌한 분위기로 바뀌어갔고, 그 역시 동료나 상사들로부터 사랑을 듬뿍 받고 있었다. 물론 규모가 작은 회사였지만 그는 승승장구 빠른 속도로 승진을 했다. 회사의 규모가 작아서 L은 오히려 자기가 맡았던 일뿐만 아니라 포장업 전체가 돌아가는 판을 한눈에 파악할 수 있었다.

말하자면 직원이었지만 최고 경영자의 시각에서 포장업 시장 전체를 꿰뚫는 시야를 확보할 수 있었던 것이다. 어느 날 그는 회사를 그만두고 자기 회사를 차렸다. 동일 업종이었지만 근무하던 회사로부터 일정한 지분까지 지원을 받았으니 마감도 유쾌하게 잘한 것 같았다.

나는 그가 회사를 차린다기에 물려받은 재산으로 그 모든 것을 준비하는 줄 알았다. 그러나 그가 차린 회사는 친구의 사무실에 달랑 자기 책상 하나를 얹혀놓은 일인 회사에 불과했다. 말하자면 거의 투자를 하지 않고 자기 회사를 차린 것이었다. 나머지는 전부 몸으로 뛰어다니면서 그는 포장업계를 뒤흔들고 다녔다. 그럴 즈음 어떤 자리에서 나는 L에게 물었다. 왜 그렇게 어렵게 사업을 하느냐고. 작은 사무실 하나라도 얻고 전화 받는 직원이라도 한 명 두고 하면 편하지 않느냐는 질문에 그는 대답했다. 그것은 돌아가신 아버지의 유언과도 관계된 것이었다. L에 따르면 그의 아버지는 엄청난 자산가가 되는 와중에 단 한 번도 사치라는 것을 해본 적이 없었다. 그리고 돌아가시기 전에 그에게 유언의 형태로 당부 아닌 당부를 했다는 것이다. 그것은 간단한 논리였다. '1억 원도 1원에서 시작된다'는 것이었다.

L은 물론 많은 유산의 상속자였지만, 아버지의 재산은

없는 것으로 치부하고 싶다는 것이었다. 1원을 아끼려면 자기 사무실을 가질 수 없으며, 직원을 둘 수도 없다는 것이 그의 생각이었다. 나이 삼십이 다 되어가자 그에게도 배필이 생겼고 그는 결혼을 했다. 이번에도 그는 나를 또 한 번 놀라게 했다. 그의 신혼집은 아파트도 아니고 자신이 상속받은 건물의 작은 옥탑방이었다. 마음만 먹으면 얼마든지 넓은 아파트를 사서 들어갈 수 있었음에도 불구하고, L은 낡은 옥탑방을 열심히 닦고 도배한 후에 그곳에서 '명랑'한 신혼생활을 시작했다. 여름에는 불가마 같았고 겨울에는 살벌하게 추웠던 그 옥탑방에서 그들은 첫애를 낳을 때까지 '명랑'하게 신혼을 보냈다. 그동안 그의 사업도 일취월장해서 지금 그는 상속자가 아닌 순전히 자신의 피와 땀으로 일군 보금자리를 장만해 잘 살고 있다.

어찌 보면 지독한 '짠돌이' 같았지만, 그는 자신의 생활과 관련된 부분에서만 철저하게 '1원을 아끼는' 생활을 견지했다. 그는 친구들과 이웃들에게 관대한 자산가였으며 명랑, 쾌활, 유쾌한 가운데에도 깍듯이 예의를 갖출 줄 아는 친구였다. 그가 자신의 옥탑방을 나온 이후 그 옥탑방은 경제적으로 힘들게 사는 후배들의 무료 거처가 돼버렸다. 여러 후배가 일 푼도 내지 않고 돌아가면서 그 옥탑방을 사용했다.

그 방을 사용하던 후배들은 결혼을 하면 그곳을 떠났고, 그러면 다음 후배가 들어와 결혼할 때까지 거기서 지내는 식이었다. 지금도 직장을 다니면서 (오지 않는) 배필을 기다리고 있는 한 후배가 공짜로 그 옥탑방에 살고 있다.

그 후배들도 L을 닮아 줄줄이 '명랑 소년'들이다. 낄낄거리는 게 그들의 특기다. 아무리 힘들지라도 지금 살아 있는 바로 이 순간은 소중한 시간이다. 인상 쓰고 짜증 낸다고 해서 사정이 당장 바뀔 것이 아니라면, 대책 없이 '명랑'하게 사는 것도 한 방법이다. 명랑하게 산다는 것은 감사하게 사는 것을 의미한다. 그나마 이보다 더 나쁜 조건이 아님을 감사하는 것. 살아 있다는 그 자체에 감격하는 것. 천수를 다하고 내일 죽을 사람에게는 마지막일 오늘이 나에겐 새로운 인생의 첫날이라는 감사. 그러나 그 명랑의 뒤안길에서 나도 모르게 한숨이 나오고 눈물이 흐를 때도 있을 것이다. 그럴 때는 같은 조건의 다른 '명랑 친구'들을 생각하는 것도 괜찮다. 겉으로 웃고 있을지라도 그들도 때로 외롭고 힘들다.

내가 이 '명랑 소년'에게서 배운 것은 늘 감사하는 마음으로 사는 것(그래야 명랑하게 살 수 있으니까)과 금전을 경영하는 방법이었다. 그는 여윳돈에 절대 한눈팔지 않았으며, 한 푼을 아껴 큰 재원을 만드는 방법을 알았다.

태초에
관계가 있었다

히틀러는 오랜 연인이었던 에바 브라운과 결혼한 지 불과 이틀도 지나지 않아 지하 벙커에서 동반 자살했다. 베를린이 러시아의 적군에게 완전히 포위되었던 1945년 4월 30일의 일이다. 자료에 의하면 에바는 히틀러와 죽음을 각오한 사랑을 맹세했다고 한다. 히틀러는 죽기 오래전에 작성한 유서에서 상속의 첫 번째 대상으로 가족들을 제치고 에바를 지목했다고 한다. 희대의 살인마이자 인류 최대의 악인인 히틀러에게도 격렬한 러브 스토리가 있었던 것이다. 사회적 악인이 역설적으로 개인 단위에서는 목숨을 건 사랑의 주체이자 대상이기도 한 것이다.

여기에서 존재의 두 층위가 드러난다. 개인과 사회라는 층위다. 라인홀드 니버Reinhold Niebuhr는『도덕적 인간과 비도덕적 사회Moral Man and Immoral Society』에서 개인의 도덕적 행위와 사회의 도덕적 행위가 엄격하게 구별되어야 한다고 주장한다. 그렇다. 놀랍게도 개인 단위에서의 도덕이 사회 단위에서의 도덕을 보장하지 않는다. 그래서 '관계적 상상력'이 필요하다. 도덕과 정의는 개인 단위에서 출발하지만, 사회적 단위에서 완성되는 것이다. 돌아보라. '선한 개인들'은 얼마든지 있다. 그러나 선한 개체들이 모여 사회를 이룰 때 선한 사회가 저절로 보장되지 않는다. 개인 단위의 도덕과 사회 단위의 도덕이 서로 다르고 때로 충돌하기 때문이다. 그러나 우리는 나만 열심히 착하게 살면 된다고 생각한다. 그런데 도대체 '착하게 사는 것'이란 무엇인가.

우리가 나름 '착하게' 살아온 지난 오 년(2007~2011년) 동안 한국에서 7만 1,916명이 자살했다. 최근 전 세계에서 발생한 대표적인 전쟁 사망자보다 훨씬 많은 숫자다. 한 언론사 조사에 따르면 이는 이라크 전쟁 사망자 3만 8,625명의 약 두 배가량, 그리고 아프가니스탄 전쟁 사망자 1만 4,719명과 비교하면 거의 다섯 배에 이르는 규모다. 먼 옛날의 이야기도 아니고 지난 2016년 10월 3일 보건복지부에서 발표한 통계 결과다. 얼마 전 전염병 메르스 때문에 온 나라가 발칵 뒤집어졌다. 만일 전염병으로 오 년 사이에 7만 명 이상이 사망했다고 가정해보라. 어떤 일이 벌어졌을까. 높은 자살률은 전염병보다 더 끔찍한 사회 문제다.

누가 이렇게 만들었는가. 내가 아니라고? 그렇다면 누구인가? 그것은 '나'의 확산인 '우리'다. 누가 이 통계 앞에서 과연 착하게 잘 살았다고 말할 수 있겠는가. 물론 개인 단위에서는 잘 살고 있고, '무려' 착하게 살고 있다고까지 말할 수도 있다. 그런데 경제협력개발기구(OECD) 가입국 중 자살률이 연속 1위이고, 게다가 최근 십여 년 동안 자살률이 급증하고 있다면, '사회적 우리'는 과연 착하게 잘 살고 있다고 말할 수 있을까. 관계적 삶은 선택이 아니라 존재의 문제다. 마틴 부버Martin Buber에 따르면 말 그대로 "태초에 관계가 있었다." 사회적 관계가 존재에 선행한다. 우리가 태어나기도 전에 사회적 관계가 먼저 있었다는 이야기다. 우리는 태어남과 동시에 이미 존재해왔던 사회적 관계 속으로 들어간다. 그래서 각 개인은 '선택의 여지없이' 존재의 두 층위에서 살아간다. 하나는 '나'이고, 또 다른 하나는 '우리'다. 그러므로 온전히 착하게, 훌륭하게, 성공적으로 사는 것은 '나-우리'의 영역에서 동시에 잘 사는 것이다.

니버는 "(순전히) 개인적인 윤리로는 제대로 파악할 수 없는 영역"이 있고, 그것이 바로 '정치의 영역'이라고 이야기한다. 착한 '나'들이 잘 살려면 '나'의 사회적 집합인 '우리'가 더불어 잘 살아야 한다. 이 사회적 역학이 정치다. 그러니 정치가 개판으로 돌아가면, 수없이 많은 선한 개인들이 자신의 의지와 무관하게 사회적 악인이 되는 것이다. 따라서 모든 개인에게는 관계적 상상력, '나의 확산'인 사회에 대한 고민, 그리고 정치적 상상력이 필요하다.

개인 단위에서 훌륭한 시인도 사회·역사 단위에서 얼마든지 나쁜 시인이 될 수 있다. 일례로 서정주는 우리 문학사에서 빼놓을 수 없는 훌륭한 시인이지만, 1942년부터 해방될 때까지 수십 편의 시와 산문, 그리고 평론 등을 통해 친일 행위를 했다. 다음은 서정주가 1944년 「매일신보」에 발표한 「오장伍長 마쓰이 송가頌歌」라는 시의 일부분이다.

그대는 우리의 오장 우리의 자랑
그대는 조선 경기도 개성 사람
인씨(印氏)의 둘째 아들 스물한 살 먹은 사내
마쓰이 히데오!

그대는 우리의 가미가제 특별공격대원

귀국대원

귀국대원의 푸른 영혼은

살아서 벌써 우리게로 왔느니

우리 숨 쉬는 이 나라의 하늘 위에 조용히 조용히 돌아왔느니

우리의 동포들이 밤과 낮으로

정성껏 만들어 보낸 비행기 한 채에

그대, 몸을 실어 날았다간 내리는 곳

소리 있이 벌이는 고흔 꽃처럼

오히려 기쁜 몸짓 하며 내리는 곳

쪼각쪼각 부서지는 산더미 같은 미국 군함!

창씨개명을 한 조선인 출신 가미가제 특공대원을 찬양하는 시다. "우리의 가미가제 특공대원"이라고 서정주가 말할 때의 '우리'는 도대체 누구인가. 일제 치하에서 어찌할 수 없이 자신과 가족의 삶을 포기하고 북만주 벌판을 떠돌며 독립운동을 하다 죽어갔던 수많은 사람과 그들의 아픈 사연들을 생각할 때, 서정주의 이런 친일행위는 용서받을 수 없는 범죄행위가 아닐 수 없다. 반면에 일제강점기라는 동일한 조건에서 「청포도」처럼 주옥같은 시편들을 쓴 이육사 시인은

독립운동을 하다 해방을 불과 일 년 앞두고 만리타향 중국의
베이징 감옥에서 외로이 옥사했다. 서정주는 친일행위만 한
것이 아니라 해방 이후에도 이승만 독재정권을 찬양하고, 수
많은 사람이 군부독재와의 싸움에서 죽어나가던 1980년대
에 전두환을 찬양하는 '송시'를 쓴 것으로도 유명하다. 다음
은 전두환의 56회 생일에 맞추어 서정주가 전두환에게 '드리
는 송시'의 일부분이다.

한강을 넓고 깊고 또 맑게 만드신 이여

이 나라 역사의 흐름도 그렇게만 하신 이여

이 겨레의 영원한 찬양을 두고두고 받으소서.

새맑은 나라의 새로운 햇빛처럼

님은 온갖 불의와 혼란의 어둠을 씻고

참된 자유와 평화의 번영을 마련하셨나니

잘 사는 이 나라를 만들기 위해서는

모든 물가부터 바로 잡으시어

1986년을 흑자원년으로 만드셨나니

안으로는 한결 더 국방을 튼튼히 하시고

밖으로는 외교와 교역의 순치를 온 세계에 넓히어

이 나라의 국위를 모든 나라에 드날리셨나니

알다시피 서정주가 찬양한 전두환은 대한민국 대법원에서 12·12군사반란과 5·18광주민주화운동 유혈 진압, 그리고 권력형 비리 등에 대한 재판을 거쳐 '반란수괴죄' '상관살해죄' '내란목적살인죄' 등으로 1심에서 사형을 선고받은 명백한 범죄자다. 우리 사회는 지금도 소위 '미당문학상'이라는 것을 만들어 서정주의 '위대한(?)' 업적을 기리고 있고, 그 상을 받으면 훌륭한 시인으로 간주하며, 상당수의 시인이 그 상을 못 받아 안달이다.

1910~1920년대 미국의 이미지즘Imagism 시운동을 주도했던 에즈라 파운드Ezra Pound의 경우도 마찬가지다. 그는 노벨문학상 수상자이자 『황무지The Waste Land』의 시인이었던 T. S. 엘리엇T. S. Eliot이 "나보다 더 훌륭한 예술가"라고 칭송해 마지않았던 '훌륭한' 미국 시인이었다. 그러나 그는 무려 1930~1940년대에 걸쳐 이탈리아의 파시스트 무솔리니 정권의 재정적 지원을 받으면서 (600만여 명의 유대인을 학살한) 히틀러를 적극적으로 옹호하는 활동을 했다. 도대체 그에게 있어서 문학이란 무엇이었을까. 그는 결국 1945년 이탈리아에서 미국군에 의해 '반역죄'로 체포됐고, 워싱턴에 있는 정신병원에 십이 년 이상을 갇혀 있었다.

타자들에게는 악마 같은 고문기술자도 가정에서는 훌

우리는 태어남과 동시에 이미 존
재해왔던 사회적 관계 속으로 들
어간다. 그래서 각 개인은 선택
의 여지없이 존재의 두 층위에서
살아간다. 하나는 '나'이고, 또
다른 하나는 '우리'다. 그러므로
온전히 착하게, 훌륭하게, 성공
적으로 사는 것은 '나-우리'의 영
역에서 동시에 잘 사는 것이다.

룽한 아빠이거나 남편일 수 있다. 이런 사례들은 우리 주변의 일상적인 삶 속에서도 차고 넘치도록 무수히 많다. '훌륭한 삶' 혹은 진정으로 '성공한 삶'이란 간단한 것이 아니다. 앞에서도 말했지만, 훌륭한 삶은 개인 단위에서 완성되지 않는다. 그것은 개인 단위에서 출발하지만 사회 단위에서 완성되는 것이다. 그러므로 '혼자 잘 먹고 잘 살겠다'는 생각만으로 '좋은' 삶을 살 수 없다. 문제는 대부분의 사람이 이 '혼자'의 상상력에 갇혀 있다는 것이다. 그러나 취업이 아무리 어려워도, 먹고 살기가 아무리 힘들어도 사회 단위의 '관계적' 상상력을 포기해서는 안 된다. 이를 포기하는 것은 인간으로서의 존엄성을 포기하는 것과 다름없기 때문이다. 개인 단위에서 아무리 성공한 예술가, 사업가, 자산가가 되어도 위에 열거한 것처럼 사회 단위에서 명백한 '악인'의 역할을 한다면, 그런 인생을 우리가 진정으로 훌륭한 인생, 성공한 인생이라고 말할 수 없기 때문이다.

이러니 착한 삶, 올바른 삶이란 얼마나 멀고 어려운가. 그러나 길은 멀어서 갈 만하고, 여럿이 함께 가면 없던 길도 만들어진다. 정치가 중요한 이유가 이것이다. 그러니 개인들이여, 겹눈을 가지고 (자기) 바깥을 사유하자.

언어의
힘

오래전 미국 민주당 전당대회에서 미셸 오바마가 했던 연설이 화제가 되고 있다. "저는 매일 아침 노예들에 의해 세워진 집에서 잠을 깹니다. 그리고 제 딸들, 두 명의 아름답고 지적인 흑인 여성이 백악관의 잔디밭에서 강아지들과 노는 모습을 바라봅니다." 그녀는 단 두 문장으로 흑인 노예의 역사를 상기시키고 있으며, 인종차별의 부당함에 대해 이야기하고 있고, 그런 노예의 후예가 대통령이 되는 미국의 저력을 자랑하고 있다.

대통령의 부인이라는 자리가 이런 수사를 만드는 것이 아니다. 이런 감동적인 수사의 이면에는 고대 그리스시대부터 자유로운 토론을 중시하고 설득의 수사학을 연마해온 교육과 문화의 유구한 전통이 있는 것이다. 수사는 단순한 말장난이 아니다. 아리스토텔레스의 말을 빌면 그것은 "설득의 가용한 수단"이다. 모든 관계에는 언어가 개입된다. 생각과 사상과 느낌은 그 자체로 존재하는 것이 아니라 오로지 언어의 외피를 입을 때 비로소 존재 안으로 들어온다. 막말로 언어 없이 사상도 없으며, 표현할 수 없는 진리는 진리가 아닌 것이다.

수사가 빈약하거나 부실한 공동체에서는 쓸데없거나 소모적인 분쟁들이 일어난다. 한때 정부의 한 고위 관리자가 국민을 '개돼지'라고 불러서 큰 소란이 일어났다. 얼마 전, 사드(THAAD, 고고도미사일방어체계) 문제와 관련해 '외부세력'이라는 불분명한 용어가 논쟁을 불러일으켰다. 어떤 사람들은 상주 주민이 아니면 다 외부세력이라고 몰아붙인다. 문제는 이런 사람들이 놀랍게도 미국을 외부세력이라고 지칭하지는 않는다는 것이다. 그렇다면 외부세력은 '사드 배치를 반대하는 세력'을 의미하는가. 그렇지도 않다. 수많은 상주 주민이 사드 배치를 반대하고 있는데, 그들을 '외부세력'이라 부르지는 않기 때문이다. 엄밀히 말해 이 '외부세력'이라는 기표는 '국내에 거주하되 상주 주민은 아니면서 상주에 와서 사드 배치 반대를 외치는 사람들'이라는 매우 편의적이고도 구체적인 '이념적' 의도를 가진 말이 된다. 언어와 이데올로기가 분리 불가능한 관계에 있다는 지적은 이런 경우를 두고 하는 말이다. 이제는 넌더리가 나는 '종북'이라는 단어도 마찬가지다. 이 단어는 문자 그대로 '북한을 추종하는 것'만을 의미하지 않는다. 다수의 발화자에 의해 이 단어는 자신들과 정치적 입장을 달리하는 사람 혹은 세력을 지칭해왔다. 이와 같은 언어적 폭력 때문에 때로 멀쩡한 사람들이 종북이 되고, 이 나라가 마치 각계각층에서 북한을 옹호하고 모방하려는 사람들로 '득실거리는' 것처럼 보이기도 한다.

　　문제는 '언어가 현실을 만든다'는 것이다. 그러니 먼저 사물이 있고 그것을 지칭하는 언어가 있다는 구태의연한 언어관을 의심해봐야 한다. 언어는 언어 이전의 사물을 지칭하기도 하지만, 거꾸로 현실을 만들기도 한다. 공동체 안에서 어떤 한 구성원이 다른 사람을 향해 던진 "저 사람은 너무 이기적이야"라는 말 한마디가 실제fact와 무관하게 한 사람을 '이기적인' 사람으로 몰아갈 수도 있다. 부모가 아이에게 길가에서 청소하는 사람을 가리키며 "너도 공부 안 하면 저렇게 된다"라고 말함으로써, 미화원이라는 직업은 졸지에 저주받은 일자리가 된다. 같은 상황에서 "공부 열심히 해서 저런

분들이 대접받는 사회를 만들어야지"라고 말함으로써 아이는 노동의 신성함에 대해 건강한 관점을 갖게 될 것이다. "넌 자식도 아니야"라는 말 한마디가 자식을 자식이 아닌 존재로 만든다. "넌 안 돼"라는 말은 무엇이든 될 수 있었던 한 존재를 세상에서 가장 무력한 존재로 만들 수도 있다. 가정과 사회에서 일어나는 대부분의 왜곡과 상처들은 이렇게 '언어'를 경유해서 만들어진다.

공동체의 모든 관계에는 이 언어의 끈들이 개입된다. 언어 없이 관계도 없고 현실도 없다. 그러니 자신의 의견을 정확히 진술하고 설득하는 수사의 힘은 개인만이 아니라 사회와 국가 단위에서도 매우 중요하다. 서툴고 악의적인 서사는 공동체의 귀중한 에너지를 쓸데없는 곳에 낭비하게 한다. 글쓰기가 아닌 암기 위주의 교육이 수사 부재의 공동체를 만든다. 수사가 빈약하므로 설득의 기술이 부족하고, 설득하지 못하므로 언어 외적인 힘으로 밀어붙이는 게 능사인 사회가 된다.

좋은 수사는 또한 사람들 사이의 관계에 불화를 일으키지 않는다. 나이나 권력이 아닌 논리력과 합리적 설득력이 우선인 사회는 얼마나 건강한가. 그런 사회에는 논리 정연한 자식의 말을 받아들일 줄 아는 부모가 많으며, 학생들의 주

좋은 수사는 사람들 사이의 관계에 불화를 일으키지 않는다. 나이나 권력이 아닌 논리력과 합리적 설득력이 우선인 사회는 얼마나 건강한가. 그런 사회에는 논리 정연한 자식의 말을 받아들일 줄 아는 부모가 많으며, 학생들의 주장에 귀 기울이는 선생들로 넘쳐난다.

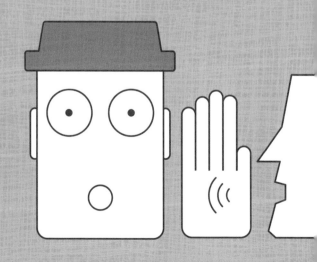

장에 귀 기울이는 선생들로 넘쳐난다. 이런 사회는 교육의 의미가 잘 발현되는 사회다. 교육의 본래 의미는 지식을 '주입'하는 것에 있지 않고 피교육자의 잠재력을 '끌어내는' 것에 있기 때문이다. 또한 그런 사회의 정치는 힘으로 국민을 몰아붙이지 않는다. '말이 되지 않는' 정책은 이미 옳은 정책이 아니기 때문이다. 설득력과 그것에 토대한 사회적 동의를 중시할 때 사회는 비로소 합리·평등·민주의 원칙에 의해 가동된다. 이렇게 '계급장' 뗀 담론의 '공공 영역 public sphere '이 확대될 때, '나쁜' 사상에 대한 공포도 사라진다. 그런 사상은 설득력이 부족하므로 사회적 동의를 이끌어내기 힘들기 때문이다. 설득을 가르치는 나라, 말이 통하는 사회가 되어야 한다.

개구리처럼 앉지 말고
여왕처럼 앉으라고?

드니스 두해멀D. Duhamel 이라는 현역 미국 시인이 쓴 「제발 개구리처럼 앉지 말고 여왕처럼 앉아라」라는 시가 있다.

잘 가꾸고, 멋 부리는 것을 잊지 마라.

세상은 여드름투성이 여자애에게 아무것도 주지 않는다.

개구리처럼 앉지 말고 여왕처럼 앉아라.

머리 타래를 윤기 나게 해주는 샴푸를 사라.

직모라면 파마를 해라.

잘 가꾸고, 멋 부리는 것을 잊지 마라.

입에서 박하향이 나게 하고 이빨은 늘 희고 깨끗하게.
열 개의 진주처럼 빛나게 손톱을 칠해라.
개구리처럼 앉지 말고 여왕처럼 앉아라.

웃어라, 특히 기분이 더러울 때엔.
운전하다가 급회전할 때는 계속 머리를 숙여라.
잘 가꾸고, 멋 부리는 것을 잊지 마라.

갈망에 무릎 꿇지 말고 늘 날씬해야
뽐내며 춤출 때 치맛자락을 들어 올릴 수 있지.
개구리처럼 앉지 말고 여왕처럼 앉아라.

교수와 결혼하지 말고 학장과 해라.
백작과 결혼하지 말고 왕과 해라.

잘 가꾸고, 멋 부리는 것을 잊지 마라.
개구리처럼 앉지 말고 여왕처럼 앉아라.

이 시는 "필리핀 어느 대학 여자화장실 벽에 쓰인 낙서"라는 부제를 달고 있다. 나는 이 시를 「중앙일보」의 "시가 있는 아침"이라는 지면에 소개했고, 내가 쓴 시 해설서인 『아침 시』에서 다음과 같은 해설을 달았다.

누구는 '여왕처럼' 앉고 싶지 않나. 누구는 예쁘고 싶지 않나. 여성들을 얼치기로 만들려는, 가부장 사회의 다양한 요구들에 대한 묵상.

희극적 묘사지만, 이 시는 남성중심사회가 여성들에게 강요하는 다양한 '허상'들을 보여준다. 스스로 존엄한 여성(인간)이라면 이런 주문을 정면으로 거부할 것이다. 타자의 시선과 허영에서 벗어나 자기 눈으로 자신을 바라보는 것. 여성뿐만 아니라 모든 존귀한 인간이 갖춰야 할 덕목이다.

이 시는 (겉으로 보기에는) 이왕이면 천박하게 살지 말고 우아하게 살라는 메시지인 것처럼 보인다. 그런 메시지 자체가 나쁠 것은 없다. 그러나 자세히 들여다보면 이 시는 가부장제 사회가 여성들에게 요구하는 '부당한' 명령들을 열거하고 있다. 가부장제 사회에서 여성이 대접을 받으려면 외모를 잘 가꿔야 하고 우아한 매너를 갖춰야 한다는 주장이 그것이다. 또한 마구 먹고 싶은 "갈망에 무릎 꿇지 말고 늘 날씬해야" 한다는 주문도 나온다. 결혼을 할 때도 이왕이면 돈과 권력이 더 많은 남성과 하라는 '특별 주문'도 나온다. 이 시의 부제 중 "화장실 벽에 쓰인 낙서"라는 말은 이 시 속 화자의 이런 주문들이 사실상 대놓고 말하기 힘든, '부끄러운' 주문임을 드러낸다.

'n포 시대' '헬조선'에서 한국의 여성들은 동년배의 남성들에 비해 훨씬 더 가혹한 삶의 조건 속에 있다. 여성들에게 아름다운 외모와 순종적인 태도를 요구하는 것은 가부장제 사회의 일반적인 특징이지만, 한국처럼 외모를 중시하고 외모에 생의 거의 모든 에너지를 소비하는 나라도 드물 것이다. 요즘엔 남성들에게도 이런 요구와 유행이 일반화되고 있지만, 여성들에게는 이제 거의 '필수조건'처럼 돼버렸다.

우리 사회는 외모가 떨어지거나 몸매가 훌륭하지 않은 여성을 철저히 배제하는 '속물사회'가 돼가고 있다. 남성뿐만 아니라 다수의 여성조차도 우리 사회의 이 천박한 요구에 순응하고 있다. 왜 여성들은 "개구리처럼 앉지 말고 여왕처럼" 앉아야 하는가. 여성들은 왜 날씬한 몸매를 가져야만 하는가. 여성들은 왜 "진주처럼 빛나게 손톱을 칠해"야 하는가. 여성들은 왜 "입에서 박하향이 나"야 하는가. 여성들은 왜 부와 권력에 무릎 꿇어야 하는가. 우리 사회가 이런 질문들을 지속적으로 던지지 않는 한, 한국의 여성들은 외보의 황금 송아지를 숭배하는 노예 상태에서 벗어나지 못할 것이다.

　1세대 페미니스트인 시몬 드 보부아르Simone de Beauvoir 는 『제2의 성 The Second Sex 』에서 "여성은 태어나는 것이 아니라 만들어지는 것이다"라고 주장한다. 가부장제 사회는 여성을 타자the Other 로 규정하고, 동일자the One 인 남성의 입장에서 여성을 '만든다.' 이렇게 후천적으로, 사회적으로 만들어진 성의 개념을 섹스sex 가 아니라 젠더gender 라고 한다. 여성을 열등한 존재로 규범화하는 것은 어제오늘의 이야기가 아니다. 놀랍게도 그것은 매우 긴 역사를 가지고 있다. 예를 들어 플라톤은 "노예로 태어나지 않은 것과 여성으로 태어나지 않은 것에 대해 신께 감사한다"고 했으며, 그의 제자인 아리스토텔레스는 스승의 뜻을 이어받아(?) "남성은 본질적으로 우수하며 여성은 본질적으로 열등하다. 남성은 지배하고 여성은 지배받는다. 여성은 능동적인 남성의 원리에 의해 형성되기를 기다리고 있는 물질"이라고 했다. 중세의 대표적 신학자이자 사후에 시성諡聖 됨으로써 성인으로 추앙받은 토마스 아퀴나스Thomas Aquinas 는 여성을 실로 불완전한 남성이자 우연히 만들어진 존재이며 "잘못 만들어진 남성"이라고 정의했다. 종교개혁을 주도한 마르틴 루터Martin

Luther 도 "여성은 신의 아름다운 작품임에도 불구하고, 남성의 영광과 품위를 따라갈 수 없다"고 했다. 인도와도 바꾸지 않겠다던 영국의 위대한 천재 셰익스피어는 "약한 자여, 그대의 이름은 여자이다"라고 했다. 여성에 대한 폄하는 현대에도 계속 이어진다. 『허클베리 핀의 모험』을 쓴 마크 트웨인은 "제인 오스틴Jane Austen의 책이 단 한 권도 없는 도서관이야말로 훌륭한 도서관이다"라는 말로 19세기 영국을 대표하는 여성 소설가를 조롱했다.

한국에서는 가뜩이나 여성을 폄하하는 가부장제의 전통 위에 최근 외모지상주의까지 합쳐지면서 최악의 상황이 연출되고 있다. 여성들이 외모 가꾸기에 전력을 다해 시간과 돈을 투여하지 않으면 여왕이 아닌 '개구리' 취급을 당하는 사회가 되어버린 것이다. 가부장제에다 천박한 외모지상주의가 짬뽕된 우리 사회의 이런 부당한 요구에 상당수의 여성 자신들까지 적극적으로 가담하면서, 날씬한 몸매와 아름다운 외모는 이제 거의 종교적 '숭상'의 대상이 돼버렸다. 게다가 '아름다움'의 기준 역시 천편일률적으로 표준화되는 경향까지 있다. 직장을 포함한 우리 사회의 다양한 영역이 여성들에게 이런 것들을 요구하고 있으며, 소위 '못생긴' 여성들은 타고난 외모를 성형을 통해 뜯어고치지 않으면 부당한 대

여성은 '태어나는 것'이 아니라
'만들어지는 것'이다.
여성을 열등한 존재로 규범화하는 것은
어제오늘의 이야기가 아니다.

접을 받거나, 때에 따라서는 설 곳이 없는 지경에까지 이르렀다. 도대체 이것이 무슨 재앙인가.

유럽이나 북미의 대학에서 시험기간이면 흔히 볼 수 있는 풍경이 있다. 날 새워 공부하고 화장을 할 시간도 없이 집이나 기숙사에서 입던 실내복 그대로, 치장하지 않은 머리를 고무줄로 질끈 동여맨 채 강의실로 향하는 여학생들의 모습은 얼마나 당당하고 멋진가. 이에 반해 남의 외모에 과도한 관심을 가지게 하고 모든 개인으로 하여금 서로의 외모에 대해 끊임없는 자의식을 갖도록 강제하는 사회는 얼마나 피곤하고 불편한가.

앞서 '일탈의 힘'에 관해 이야기했듯이 청년들의, 청년다운 멋진 문화란 바로 이런 나쁜 규범에 저항하는 무릎 꿇지 않는 문화다. 말하자면 '개기자'는 것이다. '진짜 자아'를 속이고 '가짜 자아'를 앞세운 채 천박한 '여왕' 행세를 하고 있는 다수의 진영으로 넘어가 거짓 안정을 찾지 말고, 외모로 사람을 평가하는 사회에 깊은 딴지를 거는 것. 그런 엉터리 규범들을 자신 있게 조롱하고 뻬딱하게 쳐다보는 것. 참 인간의 당당한 모습을 당당하게 드러내는 것. 그런 문화가 우리 사회를 다양한 개성이 공존하는 건강한 사회로 만들 것이다.

개기는
인생도
괜찮다

신에 대하여
-J의 이야기

J는 대학 시절 지적 호기심이 왕성해서 인문학, 사회과학 관련 서적들을 두루 탐독하고 섭렵하며 지내던 친구였다. 그는 이름 그대로 '청년 지식인'이었고 또한 '개골목' 동지 중 한 명이어서 나와 많은 술자리를 같이했다. 그는 매우 예의 바른 친구였지만, '개김'의 미학을 터득해서 '너머 beyond'를 기웃거릴 줄도 알았다. 진지하면서도 유쾌했던 그 덕분에 그와 함께했던 자리는 늘 활기가 넘쳤다. 반복되는 술자리를 통해 나는 그가 기분 좋게 취한 상태를 한눈에 감지할 수 있게 되었다. J는 평소에 나를 부를 때 '교수님' 보다는 '선생님'이라는 호칭을 선호했는데, 술이 어느 정도 들어

가 '비등점'을 막 넘기 시작하면 호칭을 갑자기 바꾸는 것이었다. 그 호칭은 바로 '민석이 형'이었다. 교수에서 민석이 형으로 내 존재가 변신할 때, 그는 말하자면 가장 기분 좋게 취한 상태였던 것이다.

호칭 때문에 나는 졸지에 그의 형이 되었고, 그렇게 해서 대화는 더 자유롭고 자연스럽게 익어갔다. 그는 눈이 크고 웨이브가 아름다운 머릿결을 가진 꽃미남처럼 잘생긴 청년이었고, 같은 과의 악바리로 공부하는 여학생을 만나 졸업한 지 얼마 지나지 않아 결혼을 했다. 그는 처음에는 '브리태니커' 한국 지사에 취업했고 나름 그 직업에 만족하며 한동안 잘 지냈다. 브리태니커는 당시만 해도 세계적인 규모의 백과사전으로 유명한 출판사였으므로 그의 지적인 면모와 잘 어울리는 듯했다. 그러나 몇 년 후 그는 중대한 결정을 내렸다. 공부를 더 하기 위해 유학을 결심한 것이었다. 경제적으로 유학을 갈 형편이 되지 않아서 그는 은근히 장학금을 기대하며 일단 미국의 여러 대학에 원서를 냈다. 하지만 마르크스주의 패러다임으로 문화연구를 공부하겠다고 적어놓은 그의 학업계획서를 본 미국의 어느 대학도 그에게 입학허가서를 보내오지 않았다. 낙망한 그는 이번에는 동일한 학업계획서를 영국의 여러 대학원에 보냈다. 미국의 대학들과는 전혀 다른 반응이 왔다. 같은 학업계획서였음에도 불구하고 영국의 여러 대학에서 동시에 입학허가서가 날아왔으며 심지어 그에게 첫 학기 장학금까지 제안하는 대학도 있었다.

이렇게 해서 그는 결국 영국 런던으로 날아갔고 그때부터 예상했던 바와 같이 고난의 역사가 시작되었다. 첫해는 그럭저럭 버틸 수 있었으나 무일푼으로 천 리 타향에서 학업과 생계를 유지해 나간다는 것은 보통 일이 아니었다. 몇 년이 지나 두 명의 자녀까지 생기자 J와 그의 부인은 대리운전, 통역 등 온갖 허드렛일을 하면서 생계와 학업을 근근이 이어나갔다. 그렇게 악전고투의 세월이 지나 그가 석박사 과정을 마치고 마지막으로 박사 논문만을 남겨놓게 되었을 무렵, 부부는 거의 탈진 상태에 가까울 정도로 몸과 마음이 지쳐 있었다. 그러나 논문을 끝내야 했고, 생계는 생계대로 유지해야 했으므로 그는 런던 현지의 한국 회사에 취직을 했다. 그는 총무 쪽의 팀장으로 취업해 회사에서 나름 능력을 크게 인정받게 되었다. 그러나 새벽에 나가 밤늦게 집에 돌아오는 생활이 계속되자 박사 논문을 도저히 집필할 수 없었다. 그는 퇴근 후 극심한 피로를 참아가며 밤늦게 시작해 새벽까지 논문을 쓰는 생활을 병행하지 않을 수 없었다. 하루 세 시간이라는 짧은 수면을 견디며 그는 이런 생활을 무려 사 년 육 개월 동안 끌고 나갔다. 마침내 논문이 끝나갈 무렵 그의 몸은 완전히 탈진해 더는 아무것도 할 수 없을 정도로 망가져 있었다. 침대에서 화장실까지 걸어가는 것조차 힘들 정도였다. 그는 직장을 그만두고 반년가량 심하게 앓았다.

J는 그렇게 박사학위를 받았다. 그리고 몸 상태가 최악이었던 어느 날 그는 간절한 마음에 하나님께 기도를 했다. 매일매일 죽음에의 공포가 밀려오고 있으니, 제발, 살려달라는 것이 그의 기도였다. 그 이전에도 신앙이 있었지만, 그때까지 그는 단 한 번도 하나님을 '인격적으로' 경험한 적이 없었다고 한다. 그러나 기도를 하던 중 놀라운 변화가 일어났다. 깡말라 딱딱하고 늘 차가웠던 그의 몸에 알 수 없는 따뜻한 기운이 번져오기 시작했다. 그는 인간의 육감 너머에 있는 어떤 따뜻한 손이 그의 몸과 마음을 천천히 어루만지고 있음을 느꼈다. 금융자본주의와 대중문화의 상관성에 대해 박사 논문을 쓴 학자였지만 청년 시절부터 내내 어떤 궁극적인 존재에 대한 사유의 끈을 놓지 않았던 터라, 그는 여태껏 해결하지 못했던 수수께끼 하나가 결정적으로 풀리는 느낌이 들었다. 그것은 인간이 할 수 있는 생각의 마지막 단계는 결국 신에 대한 사유일 수밖에 없고, 그 안에서 어떤 식으로든 특정한 입장을 선택해야 한다는 것이었다. 프랑스 시인

스테판 말라르메는 「바다의 미풍」이라는 시에서 "나는 모든 책을 읽었노라"라고 선언한 후 바다로 갔지만, 모든 지적 궁구窮究는 결국 신에 대한 사유와 판단으로 귀결된다는 것이 J의 생각이었다.

그는 지인의 우연한 소개로 구세군학교에 갔고, 지금은 구세군의 사관, 개신교로 말하자면 목사가 되었다. 죽음에 가까운 몸의 탈진 끝에 꿈에 그리던 박사학위를 받았던 J는 그 무렵 귀국해서 교수가 되어 강단에 서는 것을 꿈꿨다. 실력가인 그가 그렇게 될 가능성도 매우 높았다. 그러나 J는 그 모든 고난의 종점에서 분홍빛 출세의 길을 버렸다.

나는 가끔 그가 홀로 신을 만났을 때의, 그 절체절명의 고독의 순간을 생각해본다. 지상의 어떤 힘도 그를 구할 수 없을 때, 오로지 살아남는 것 외에 다른 아무런 길이 없을 때, 그가 아직 체험하지 못한 미지의 신에게 그가 올렸을 간절한 기도를 생각해본다. 그 절박하고도 외로운 순간에 그는 어렵게 이룬 세속의 모든 성취와 미래를 버렸다. 그리고 그에게 전혀 다른 미래가 도래했다. 그 안에서 그는 지금 누구보다도 충만한 삶을 누리고 있다. 사람 살아가는 길에 정해진 길은 없다. 자신의 모든 것을 걸 수 있는 일을 찾는 자가 가장 행복하다. 그는 사유의 종점에서 신을 만났고, 거기에서 천직

天職을 찾았다.

최근 서양철학의 다양한 갈래를 훑다보면 하나의 큰 흐름을 발견하게 된다. 예를 들어 68세대가 주를 이루어온 포스트구조주의는 플라톤에서 칸트에 이르기까지 이성reason을 절대적으로 신뢰해온 오랜 철학적 전통에 대한 깊은 회의를 보여준다. 이제는 거의 상품화되다시피 한 데리다J. Derrida, 라캉J. Lacan, 푸코M. Foucault, 들뢰즈G. Deleuze 등의 철학은 절대적이고 유일한 진리에 대한 회의, 견고하고 빈틈없는 통합된unified 주체에 대한 불신으로 특징지어진다. 서양에서는 18세기 합리주의 이래 19세기를 거쳐 최근까지 사실상 이성 중심의 (진보 이념을 포함한) 모든 사상이 실험되어왔으며, 68혁명을 기점으로 이성과 계몽에 대한 전적인 신뢰는 중단되었다. 그로부터 약 오십 년에 걸친 서양철학의 역사는 그 모든 '근본적인 것' '절대적인 것'에 대한 질문과 회의의 역사와 다름없다. 말하자면 '지적 회의주의'야말로 현대철학의 대세인 것이다.

그러나 이 와중에 우리는 두 명의 사상가를 만나게 되는데, 그들은 다름 아닌 레비나스E. Levinas와 이글턴T. Eagleton이다. 나는 어떤 논문에서 이들의 사상을 '윤리적 전회ethical turn'라고 명명한 적이 있다. 포스트구조주의 이후 사람 살아가는 길에 정해진 길은 없다.
자신의 모든 것을 걸 수 있는 일을
찾는 자가 가장 행복하다.

모든 윤리적, 도덕적 사유가 '촌스러운' 혹은 쾌쾌히 낡아빠진 것으로 치부되는 가운데, 이들은 결국 모든 사유의 귀결은 '선과 악'에 대한 것일 수밖에 없음을 다시 천명하고 있다는 점에서 독특하다.

레비나스는 파시즘의 폭력과 공포에 대한 깊은 성찰을 바탕으로 누구보다 앞장서서 철학과 사상의 궁극적 종점이 '사랑'과 타자에 대한 '환대'밖에 없음을 다양한 저서를 통해 주장하고 있다. 이런 사상의 근원에 (기독교적 의미의) 신에 대한 사유가 깔려 있음은 두말할 필요가 없다. 이글턴은 영국을 대표하는 마르크스주의 문학평론가로 유명한데, 2000년대 초반 이후 그의 사유는 신에 대한 명상으로 점점 더 깊어지고 있다. 마르크스주의와 기독교 사상이라는, 얼핏 보면 잘 어울리지 않고 연결될 것 같지 않은 두 사상의 극점에 그는 '사랑의 실천'이라는 동심원을 계속해서 그려 넣는 (일종의) '모험'을 감행하고 있다. 그는 『신을 옹호하다Reason, Faith and Revolution』라는 책을 통해 『만들어진 신』의 리처드 도킨스와 『신은 위대하지 않다』의 크리스토퍼 히친스와 같은 베스트셀러 '무신론자'들을 마르크스주의의 입장에서 혹독하게 비판하고 있다. 그가 생각할 때 인류가 도달할 수 있는 가장 큰 사랑의 모델은 십자가에 못 박힌 예수다. 이글턴에 의하면 이러한 사랑을 통해 우리는 문제의 궁극적인 해결을 상상할 수 있다. 그는 예수의 죽음을 신성한 테러holy terror 라고 부른다. 본래 테러라는 것은 타자에게 가해지는 폭력을 의미하지만, 예수는 이웃을 위해 자기 몸을 찢은 자이기 때문이다. J가 고난 끝에 찾은 길이 바로 이 길이다.

상처 없는 영혼이
어디 있으랴

사람들은 저마다 다른 상처를 가지고 있다. 상처는 기억의 형태로 남아 있거나, 무의식의 층위에 억압되어 있다. 상처는 이런 점에서 모두 과거의 일이며, '지나간' 일이다. 그러나 상처는 계속해서 현재로 호출된다. 그것은 마치 도둑처럼 한시도 쉬지 않고 무의식의 공간에서 의식의 공간으로 넘어올 틈을 엿본다. 이미 지난 일임에도 불구하고 상처가 자아ego 와 초자아superego 의 검열을 뚫고 의식의 표면으로 올라오는 순간, 그것은 '지난 일'이 아니라 '현재'가 된다. 상처는 무의식의 억압된 공간에서 반작용reaction 의 밀도와 동력을 축적하기 때문에 다른 어떤 현재보다 더 큰 에너지를 가진 '현재'로 자동한다. 그것은 먼 과거에서 현재로 넘어와 현재의 평화와 질서를 교란하는 반란군과도 같다. 이런 반란군을 우리는 트라우마trauma 라고 부른다.

상처가 현재로 돌아왔을 때 상처의 소유자는 자신의 상처를 항상 팩트fact 라고 생각한다. 그러나 팩트는 사건 자체이고, 상처는 사건에 대한 해석이다. 사건은 늘 사건 자체로 기억되는 것이 아니라 해석된 상태로 기억된다. 이렇게 팩트가 해석으로 넘어오면서 때로 오인misrecognition 이 생겨난다.

여기에 H씨의 일화가 있다. 재혼과 동시에 H씨는 남편의 전처소생의 열 살짜리 아들을 새 아들로 맞이해 보살펴야 했다. 그러나 새 남편은 재혼한 지 불과 이 년도 안 돼 우연히 교통사고로 세상을 뜨고 말았다. H는 식당 주방일, 광고전단 아르바이트 등 온갖 고생을 하면서 죽은 남편의 아들을 헌신적으로 키웠다. 아이는 새엄마의 관심과 애정 속에 아무 탈 없이 무럭무럭 자랐고 대학에 들어갔다. 아이는 자기가 친자도 아닌데 자기 아빠가 죽은 후에도 십여 년간 자신을 위해 친모 이상으로 고생을 하며 자신을 키워준 새엄마에 대해 깊은 감사와 존경의 마음을 가지고 있었다. 아직도 젊은 나이인 새엄마에게 그는 자신이 아르바이트를 하던 편의점의 사장을 소개해줬다. 새엄마도 이제 고생 그만하고 좋은 남자 만나서 잘 살기를 진심으로 바랐기 때문이었다. H는 처음에는 아이의 권유를 완강하게 뿌리쳤으나, 의붓아들의 제안이 진심으로 자신을 위해 하는 것임을 알고 결국 수락했다. 그렇게 해서 H는 아들과도 좋은 관계를 지속하면서 아들이 소개한 남자를 이 년 동안 만나며 지냈다. 말하자면 이중의 복을 누릴 수 있었던 것이다.

그러던 어느 날부터 갑자기 아들의 태도가 바뀌기 시작했다. 하찮은 일에도 마구 짜증을 냈으며 결국은 H에게 이제 자신은 더 이상 도움이 필요하지 않으니 집을 나가라고 했다. 새 남자도 생겼으니 얼마나 좋으냐, 나가서 그 남자하고 살라는 둥 아이는 새엄마인 H에게 폭언을 일삼았다. 갑작스러운 변화였다. 그녀는 심한 충격과 배신감에 빠졌으나 아이와의 관계를 끊고 싶지 않았으므로 아이의 제안을 거부했다. 그럴수록 그녀에게 집을 나가라는 아이의 요구는 점점 더 커졌고 무례함의 강도도 점점 더 심해졌다. H는 친자처럼 키운 아이로부터 돌이킬 수 없는 '상처'를 받고 결국 집을 나왔다. 그래도 아이가 혼자 사는 게 걱정이 되어 가끔 아이의 집에 들르면 아이는 더욱 극단적으로 화를 내며 그녀를 내쫓았다. 그렇게 해서 H는 본인의 의지와 무관하게 의붓아들과의 관계를 끊을 수밖에 없었다.

H는 자신의 순수한 사랑을 알 수 없는 증오로 갚은 의붓아들로부터 씻을 수 없는 상처를 받았다. 더 이상 사람을 믿고 살 수가 없었다. H는 사람들을 외면했고, 결국 의붓아들이 소개해준 남자와도 헤어졌다. 아무리 잊으려 해도 의붓아들로부터 받은 상처는 불쑥불쑥 현실 속으로 들어와 H를 괴롭혔다. 그것은 평생 씻을 수 없는 상처였다. 몇 년 후 H는 분노와 절망을 이기지 못하고 오랜만에 다시 의붓아들을 방문했다. 그러나 그들이 살던 집엔 이미 다른 사람들이 들어와 살고 있었다. 수소문 끝에 H는 놀라운 소식을 들었다. 아이가 다니던 학교를 찾아가 그새 군대를 다녀온 아이 친구로부터 아이의 소식을 듣게 된 것이었다. 아이가 자신에게 그런 행동을 시작했을 무렵 아이는 우연히 자신이 악성 뇌종양에 걸렸다는 사실을 알았다고 했다. 의사는 시한부 인생을 선고했고, 아이는 평생 자기를 위해 헌신한 새엄마가 자신으로 인해 더 고통받는 모습을 볼 수 없었다고 했다. 그래서 정을 떼기 위해 일부러 연기를 했다는 것이었다. 그것이 성인이 되도록 자신을 돌봐준 새엄마에게 자신이 할 수 있는 마지막 효도라고 생각했다는 것이다. 그리고 의사의 예언대로 진단 팔구 개월 후 아이는 세상을 떠났다고 했다.

결국 아이의 '배신'이 아이의 입장에서는 배신이 아닌

나름 지극한 사랑의 한 방법이었다는 사실이 밝혀지고 나서야 H는 상처에서 벗어날 수 있었다. 아이의 배신은 H와 아이 사이에 일어났던 '사건'으로서의 '팩트'에 대한 H의 해석이었고, 아이의 행동에 대한 H의 해석은 결국 '오인'이었던 것이다. 물론 모든 상처가 이런 식의 오인은 아니다. 그러나 상처가 원래의 사건(팩트)에 대한 '주관적' 해석의 과정에서 생겨난다는 사실을 부인할 수는 없다.

상처만이 아니라 우리가 '팩트'라고 인지하고 있는 많은 것이 사실은 팩트가 아닌 우리가 해석한 결과물이다. 왜냐하면 인식 주체에게 팩트는 팩트 그대로 오는 것이 아니라 주체가 가지고 있는 생각이나 입장, 프레임 혹은 패러다임에 의해 해석되기 때문이다. 따라서 우리가 어떤 대상에 대해 알고 있는 정보나 지식은 대부분 대상 자체의 속성에서 비롯된 것이 아니라, 우리가 그 대상에 투여한 것을 우리가 다시 읽어낸 것이다. 말하자면 우리는 우리가 만나는 대상에서 우리가 필요로 하는 부분만을 읽어낸다.

정부에 의해 '5·18광주민주화운동'이라는 공식적인 명칭을 부여받은 '사건'은 그 사건이 일어났던 1980년 당시 전두환 정권과 언론으로부터 '북한 간첩들의 사주에 의한 폭도들의 만행'이라고 읽혔고, 그렇게 보도됐다. 그때의 정권과 언론은 그 사건(팩트)에 '5·18광주민주화운동'이 아닌 '폭도들의 만행'이라는 의미를 부여했고, 자신들이 부여한 의미를 그 사건에서 읽어내, 그것을 자신들이 해석한 결과가 아닌 '팩트'라고 믿었던 것이다. 박정희가 저지른 '5·16' 역시 마찬가지다. 박정희를 옹호하는 자들은 그것을 '5·16 혁명'이라 부르며, 그 반대자들은 그것을 '5·16군사쿠데타'라고 부른다. 그들은 동일한 사건에 각각 자신들이 원하는 것, 니체에 의하면 자신들의 의지will를 투여하고 그것을 마치 팩트인 것처럼 다시 읽어낸다. 그러나 알다시피 '혁명'과 '쿠데타'는 너무나 다르다. 전자는 위대한 것이며, 후자는 살상을 동원한 범죄다. 그렇다면 사건으로서의 '5·16'은 혁명으로서의 그것과 쿠데타로서의 그것으로 '두 번' 일어났나. 그럴 리 없지 않은가. 팩트로서의 '5·16'은 이미 사라졌고, 이제 '5·16'에 대한 담론들, 즉 언어적 구성물로서의 '5·16'과 그것에 대한 해석(들)만 남아 있다. 그리고 각각의 해석은 그것들을 해석이 아니라 팩트, 즉 진리라고 신뢰하고 있다. 이 얼마나 무서운 일인가. 그러나 사실 이런 일은 우리 일상사에서 매일 반복되고 있다.

모든 인간은 특정한 대상에 관해 항상 특정한 견해가 있고, 대상은 항상 있는 그대로가 아니라 인식 주체가 가지고 있는 그 특정한 입장에 의해 해석된다. 말하자면 우리가 팩트라고 믿고 있는 것의 대부분은 팩트가 아니라 팩트에 대한 해석의 결과인 것이다. 인식의 이런 속성을 일찌감치 눈치챈 니체는 그리하여 "팩트는 없다. 단지 해석만이 있을 뿐이다There are no facts, only interpretations"라고 했다.

그렇다면 팩트를 주관적 해석으로 만드는 것은 무엇인가. 그것은 바로 인식 주체가 가지고 있는 패러다임, 선입견, 입장, 관점, 프레임 같은 것들이다. 그 누구도 주체와 대상 사이에 있는 이런 매개medium를 지울 수 없다. 그러므로 대상에 대한 '객관적' 인식이란 없다. 그것은 일종의 허구에 불과하다. 우리가 인식한 모든 것은 항상 우리가 가지고 있는 패러다임, 선입견, 입장에 의해 굴절된 결과인 것이다. 그러므로 사실상 대상에 대한 정보나 지식은 대상 자체의 속성이 아니라 우리가 가지고 있는 패러다임이 생산한다. 우리가 알고 있는 진리(들) 역시 대상 자체의 속성이 아닌 패러다임이 생산한 것일 가능성이 훨씬 높다. 상처도 기억도 추억도 모두 마찬가지다. 팩트는 오로지 사건 그리고 물자체밖에 없으며, 모든 사건과 물자체는 주체에 의해 해석의 과정을 겪는 것이다.

그러므로 사물을 제대로 인지할 수 있는 패러다임, 관

상처의 소유자는 자신의 상처를 항상 팩트라고 생각한다.
그러나 팩트는 사건 자체이고, 상처는 사건에 대한 해석이다.
사건은 늘 사건 자체로 기억되는 것이 아니라
해석된 상태로 기억된다.

점, 입장의 선택이 매우 중요해진다. 발상을 바꾸면 세상이 달리 보이는 이유가 바로 여기에 있다. 사실 어떤 발상과도 무관하게 세상은 그 자체 세상일뿐이다. 발상을 바꾼다는 것은 세상이 바뀌는 것이 아니라 그것을 바라보는 관점과 입장이 바뀐다는 말이고, 바뀐 입장에 의해 동일한 세상이 나만 달리 보인다는 것을 의미한다. 문제는 모든 주체가 이렇듯 자신의 달라진 발상에 의해 새롭게 해석된 현실을 '팩트'로 신뢰한다는 것이다. 사실상 팩트는 변하지 않으나 달라진 입장에 의해 현실은 새로운 '팩트'로 다시 태어난다. 사정이 이러하므로, 정말 중요한 것은 현실 자체가 아니라 그것을 대하는 패러다임, 관점이다. 우리가 책을 읽는 이유, 책 읽기가 중요한 이유도 여기에 있다.

모든 패러다임은 '주관성'의 운명에서 벗어나기 힘들다. 그러나 철학과 사상, 문학과 문화가 만들어낸 수많은 패러다임, 세계관, 인생관은 세계를 더욱 진실하게 읽어내고자 한 모든 노력의 결과물이다. 우리는 경험과 책 읽기를 통해, 앞에서 말한 슬로우 리딩을 통해 세상을 보는 다양한 관점들을 만날 수 있으며, 그 관점 중 우리의 진심을 울리는 것들을 우리의 것으로 내면화할 수 있다. 그렇게 될 때 그 관점들은 우리를 변화시킨다. 비록 지적 '난쟁이'일지라도 그 과정을 통해 어느새 지적 거인들의 어깨 위로 올라가 있는 자신을 발견할 수 있을 것이다.

　다소 어렵게 이야기를 풀어갔지만, 쉽게 정리하면 이런 이야기다. 내가 알고 있는 현실이 사실상 현실이 아닐 수도 있다. 그것은 객관적 현실이 아니라 '내'가 해석해낸 주관적 현실일 가능성이 높다. 그래서 먼저 '나'의 관점을 의심해볼 일이다. 그리고 다른 관점에서, 다른 발상으로 세계를 들여다볼 필요가 있다. 그러면 세상이 달리 보일 것이다. 그것도 당신의 현실이다.

보여주기와
보기

우리의 일상은 '보여주기showing'와 '보기 seeing'로 구성되어 있다. 가령 외모를 가꾸고 꾸미는 일은 자기만족적인 측면도 있지만 보여주고 싶은 욕망의 의식적, 무의식적 표현이다. 우리는 어찌할 수 없이 '관계적인' 존재들이고, 알게 모르게 늘 관계 속의 타자들을 '의식'하며 지낸다. 우리는 늘 타자들에게 인정받기를 원하며 자신 안의 '잘난' 것들을 알리고 싶어 한다. 이 '알리고 과시하는' 행위가 '보여주기'다. 보여주기에 몰두하는 자아는 그만큼 타자들에게 인정받지 못했거나, 실제로는 인정받고 있으나 아직도 인정받지 못했다고 생각하는 자아다. 충분히 인정받았거나 인정받았다고 생각하는 사람들은 보여주려고 구태어 애쓰지 않으며 그럴 필요도 없다. 그러므로 보여주기의 이면은 늘 다양한 형태의 열등감과 연결되어 있다.

우리는 또한 '보여주기'의 존재이면서 동시에 '보기'의 존재들이다. 우리는 늘 타자들과 세계를 쳐다본다. 세계는 우리의 동공 안으로 들어와 우리를 자극한다. 에고ego 는 이 자극들을 적절히 조절한다. 생존에 유리한 자극들은 받아들이고, 생존에 방해가 될 것으로 생각되는 자극들은 거부한다. 여기에 에고의 판단이 항상 개입되는데 이 판단이 항상 옳은 것은 아니다. 예를 들어 우리보다 '잘난' 타자들을 볼 때 우리는 그 타자를 거부할 수도 있고 받아들일 수도 있다. 거부하는 것은 생존경쟁에서 그 타자가 우리에게 위협이 되기 때문이며, 받아들이는 것은 그 '잘남'을 모방하고 배우는 것이 우리의 생존에 궁극적으로 도움이 된다고 판단하기 때문이다. 이 모든 것이 각자가 가지고 있는 에고가 하는 일이다.

다른 각도에서 보면, '보여주기'는 소비하는 행위이고 '보기'는 저축하는 행위이다. '보여주기'는 자신이 가지고 있는 자산을 밖으로 내어놓는 행위이므로 소비하는 행위이다. 동일한 대상들에게 자신의 동일한 자산을 반복해서 내놓을 수는 없다. 그리하여 어떤 것을 보여주면 그만큼 더 보여줄 것이 사라진다는 점에서 '보여수기'는 소비적이다. 보어주면 보여줄수록 우리는 점점 더 가난해진다. 그리고 더 보여줄 것이 없을 때, 우리는 깊은 열등감을 경험하게 된다. '보여주기'의 또 다른 문제는 그것이 보여주는 주체(사람)를 '소비재'로 만든다는 것이다. 보여주기에 몰두하는 것은 관계의 시장에서 자신의 상품가치를 높이려는 행위이기 때문이다. 잘 보여줌으로써 우리의 '가격'은 올라갈 수 있다. 그러나 모든 다른 상품의 운명처럼 그것은 교환가치의 지배를 받을 수밖에 없다. 더 이상 보여줄 게 없을 때 소비재로서의 주체는 관계의 시장에서 매정하게 버려진다.

반면에 '보기'는 저축하고 축적하는 행위이다. 보는 것은 수많은 정보와 자료를 수집하는 행위이고, 그런 의미에서 많이 본다는 것은 그만큼의 많은 정보와 자료를 자신의 것으로 만든다는 것을 뜻한다. 따라서 많이 볼수록 우리는 더욱 풍요로워진다. 선택할 자원들이 많아지기 때문이다. 또한 많이 볼수록 우리의 에고는 저장된 자료들을 선택하고 배제하는 작업을 자주 진행해야 하는데, 이 경험을 통해 에고의 선택 및 배제의 기준도 더욱 풍요로워지고, 그 기술도 향상된다. 간단히 말해 '보기'는 우리를 성숙시킨다.

'보여주기'가 사회 단위에서 극대화될 때 '스펙터클의

개기는
인생도
괜찮다

사회'가 형성된다. 기 드보르Guy Debord는『스펙터클의 사회 The Society of the Spectacle』라는 저서에서 스펙터클을 '현실에 대한 잘못된 재현물'로 간주한다. 스펙터클은 보여주기의 기능을 극대화함으로써 이미지를 앞세우고前景化, foregrounding 현실을 후경화後景化, backgrounding 한다. 스펙터클이 '잘못된 재현물'인 이유는 그것이 현실을 뒤로 미루고 가짜 이미지로 대체하기 때문이다. 그리고 이 광대한 이미지들을 생산하는 것은 광고, 매스미디어, 상업적 대중문화다. 이렇게 되면, 모든 사람 사이의 관계에 이미지가 개입되고 사람들은 소외된다. 이처럼 현실을 이미지의 광대한 축적으로 대체하는 사회가 스펙터클의 사회다.

스펙터클의 사회는 거대한 단위의 강력한 이미지들을 생산함으로써 대중들을 압도하고 기만한다. 그것은 대중들을 '구경꾼'이자 이미지의 소비자로 전락시킨다. 건축가 승효상은『보이지 않는 건축 움직이는 도시』에서 이렇게 말한다. "사실 스펙터클한 시설이나 구호나 선전이 자주 나타나는 사회는 전제주의의 사회이거나 저급한 의식의 미개발된 사회다. 내 어릴 적 '멸공' '조국 근대화' '한국적 민주주의' 같은 모순 덩이의 구호가 시내 곳곳에 얼마나 많이 붙어 있었던가. 지금이라고 달라지지 않았다. 이런 구호가 스펙터클한 계획으로 바뀌었을 뿐이며 정치인들은 선거철만 되면 그런 환상을 심어 표를 구한다. 그러나 그 대부분이 기만이고 허위여서 결국은 우리를 절망시킬 뿐이라는 것을 알아야 한다. 이 땅에서 삶을 이어나가야 할 우리의 후대를 위해서도 이제 그런 보이지 않는 폭력을 방조해서는 안 된다." 앞에서 '보여주기'가 열등감과 일정한 연관이 있음을 이야기했듯이 정신적으로, 문화적으로 가난한 사회일수록 '보여주기'에 몰두하고 스펙터클과 스펙터클한 계획의 생산에 집중한다. 예를 들어 4대강 사업은 인위적 스펙터클의 대가로 자연환경을 파괴한 대표적인 사례 중 하나다. 거리에 구호와 현수막이 많을수록 문화적으로 가난한 나라다.

성숙한 자아는 '보여주기'보다 '보기'를 좋아한다. '보여주기'를 통해 가난해지기보다 '보기'를 통해 풍요로워지기를 원하기 때문이다. 작가들도 마찬가지다. 글을 많이 쓸수록 글의 '샘물'은 자꾸 비워진다. 자원이 빈약해지면 작가는 더 이상 글을 쓸 수 없다. 그렇기 때문에 작가들은 글쓰기를 통해 많은 것을 보여주면서, 즉 자원을 소비하면서 동시에 많은 것을 관찰한다. 많이 '보기'를 해야 글쓰기의 샘물이 다시 채워지기 때문이다.

'보기'의 여러 가지 예가 있다. 들판이나 조용한 산길

성숙한 자아는
'보여주기'보다 '보기'를 좋아한다.
'보여주기'를 통해 가난해지기보다
'보기'를 통해 풍요로워지기를 원하기 때문이다.

을 혼자 산책하는 것도 좋은 '보기'의 한 예다. 산책의 시간은 나를 소비하는 시간이 아니라 저축하는 시간이다. 산책을 통해 영혼이 풍요로워지는 것이 바로 이 때문이다. 지독한 산책 중독자였던 19세기 영국 소설가 찰스 디킨스Charles Dickens는 글을 쓰다 말고 종종 런던의 밤거리를 헤매곤 했다. 그때마다 그가 걸어간 거리만큼의 '내러티브narrative'가 그의 머릿속에 그려졌다. 그 유명한 『크리스마스 캐럴』도 19세기 런던의 스산한 겨울을 통과한 외로운 산책의 결과였다. 그는 친구에게 이렇게 말했다. "걷는 동안 난 머릿속으로 글을 쓰면서 웃다가, 흐느끼다가 또 흐느끼곤 했지." 산책은 '보기'를 통해 하나의 외부가 하나의 내부로 들어오는 과정이다. 말하자면 무정형의 외부가 한 인간의 내부로 와서 서사로 완성되는 과정이 산책이다.

책 읽기도 '보기'의 중요한 한 방식이다. 고독한 슬로우리딩 속에서 영혼은 천천히 성장한다. 홀로 하는 여행 혹은 말수를 줄인 여행도 '보기'의 한 예다. 여행은 이런 의미에서 자기를 축적하는 과정이다. '보여주기'를 통해 가난해진 자기를 '보기'를 통해서 다시 보충해주는 행위가 산책이고, 책 읽기이고, 여행이다. 많은 '예외적 개인'들이 산책과 책 읽기와 여행을 좋아하는 이유가 바로 이것이다.

저항의
힘

지금까지 인류의 역사는 저항의 역사였다. 저항이 없었더라면 세계는 단 한 발자국도 발전하지 않았을 것이고, 그 대가로 먼 인류의 후손들이 오늘날 누리고 있는 그 모든 권리도 생겨나지 않았을 것이다. 고통 없이 얻어지는 것은 없다No pain, no gain. 권리는 저항이 생산한 것이다. 저항은 견딜 수 없는 상황에서 시작된다. 더 이상 견딜 수 없는 상황에서도 견디는 것은 스스로의 '존엄성'을 부정하는 일이다. 사람이 사람다운 대접을 받지 못할 때, 그리고 그것이 더 이상 참아서는 안 될 성격의 것일 때, 바로 그 자리에서 저항이 시작된다. 저항은 불평등과 불합리와 부정不正이 존엄한 인간을 억압할 때 생겨난다. 인간은 스스로의 존엄을 지키기 위해 먼 고대로부터 지금까지 온갖 종류의 불평등, 불합리, 부정과 싸워왔다. 싸워야 할 상황에서 싸우지 않을 때, 인간의 존엄성은 훼손된다. 햄릿이 아버지를 독살하고 왕권을 빼앗았으며 홀로 된 어머니를 차지한 삼촌에게 위험을 무릅쓰고 저항하기로 결심한 것도 이런 맥락에서다. 햄릿은 스스로 묻는다. "잔인한 운명의 돌팔매와 화살을 마음속으로 참고 견디는 것이 (인간으로서 과연) 고상한 일인가?"

마르크스Karl Marx 는 1845년에 쓴 「포이에르바하에 관한 테제Theses on Feuerbach」의 마지막 부분에서 다음과 같이 말했다. "지금까지 철학자들은 단지 세계를 다양한 방식으로 해석해왔을 뿐이다. 그러나 중요한 것은 세계를 변혁하는 것이다." 마르크스의 묘비명에도 쓰여 있는 이 테제야말로 저항의 필연성을 잘 설명하고 있다. 소크라테스는 "인간의 모든 행동은 선을 향해야 한다"고 말했거니와 세계에 대한 다양한 방식의 '해석'들도 단지 해석으로 끝나서는 안 될 것이다. 해석이 '이론'이라면 그것은 '실천'으로 전화되어야 하며, 그 실천을 통해 세계를 더 나은 세계로 만드는 데 일조해야 할 것이다. '변혁'이란 '세계를 더 나은 세계로 만드는 것'을 의미하기 때문이다.

장하성 교수는『왜 분노해야 하는가』라는 책에서 지금이야말로 한국의 청년들이 "정당한 분노를 해야 할 때다"라고 주장한다. 그에 따르면 20년도 채 안 되는 박정희 통치기간(1961~1979년)에 85달러에 불과하던 1인당 국민소득이 1,709달러로 무려 20배나 올랐다. 그러나 이렇게 소득이 올라봐야 당시 한국은 1인당 국민소득이 2,000달러에도 미치지 못하는 '개발도상국'이었다. 진짜 기적은 그 이후에도 계속 일어났으며, 1994년에 1인당 국민소득은 1만 달러를 넘어서서 한국은 중진국의 반열에 올랐다. 1997년 외환위기를 극복하면서 2006년에 1인당 국민소득은 2만 달러를 넘었으며, 2014년에는 2만 8,000달러를 넘어섰다. 장 교수에 의하면, (박정희 정권 기간만이 아니라) "한국 경제의 성장 기적은 지난 반세기 이상 계속된 것이다." 문제는 이러한 고도성장이 균형 있는 분배와 재분배로 이어지지 않았다는 것이다. 국가 단위의 부는 엄청난 규모로 성장했지만, 분배와 재분배가 제대로 이뤄지지 않았으며 불평등은 오히려 더욱 심화됐다. 한국에서 불평등이 본격적으로 악화되기 시작한 것은 1997년 외환위기 이후이며, 지난 20여 년 동안 (장 교수의 표현을 빌리면) "소득분배의 균형은 완전히 상실되었고, 이제 한국은 세계에서 가장 불평등이 심해진 나라가 되었다."

장하성 교수의 책은 무려 460쪽 이상이나 되고, 왜 한국이 "세계에서 가장 불평등이 심해진 나라"인지 그 자세한 증거들과 통계들을 충분히 담고 있다. 예를 들어 한국에서 1980년 중소기업의 임금은 대기업의 97퍼센트였던 반면, 2014년에는 60퍼센트로 떨어졌다. 1980년에 중소기업에서 일하던 노동자는 전체 노동자의 53퍼센트였으나, 2014년에는 전체 노동자의 81퍼센트가 중소기업에서 일하고 있다. 중소기업에서 일하는 노동자의 수는 훨씬 증가했지만 대기업과의 임금격차는 이보다 더 커졌으니 '불평등'이 심화되었다고 말할 수밖에 없는 것이다. 장 교수의 분석에 의하면 100대 재벌기업이 만드는 일자리는 전체 일자리의 4퍼센트밖에 되지 않으나, 한국의 경우 약 50만 개나 되는 전체 기업 이익의 60퍼센트를 대기업이 차지하고 있다. 장하성 교수의 지적이 아니더라도 2016년 3월 국제통화기금(IMF)의 '아시아의 불평등 분석' 보고서에 따르면 한국의 소득 상위 10퍼센트가 전체 소득에서 차지하는 비중은 2013년을 기준으로 45퍼센트며, 이는 아시아 국가 중 최고 수준이다. 문제는 이 수치가 1995년 29퍼센트에서 18년 사이에 무려 16퍼센트나 상승했다는 것이다. 비슷한 기간에 다른 아시아 국가들의 전체 평균이 겨우 1~2퍼센트 증가한 것에 비하면 이것은 압도적인

저항은 견딜 수 없는 상황에서 시작된다.
더 이상 견딜 수 없는 상황에서도 견디는 것은
스스로의 '존엄성'을 부정하는 일이다.
사람이 사람다운 대접을 받지 못할 때,
그리고 그것이 더 이상 참아서는 안 될 성격의 것일 때,
바로 그 자리에서 저항이 시작된다.

증가 폭이다. 2017년 한국노동연구원의 자료에 따르면 최근 몇 년 사이에도 불평등은 더욱 심화되어서 2015년엔 48.5퍼센트로 나타났다. 이제 상위 10퍼센트가 전체 부의 절반을 가져간다는 이야기다.

이와 같은 불평등은 크게 위에서 설명한 '임금 불평등'과 '고용 불평등'으로 요약되는데, 장 교수는 불평등을 해소하는 방법으로 복지 정책 등을 통한 부의 '재분배'도 중요하지만, 그것보다 '원천적 분배'가 더 중요하다고 말한다. 현재 한국에서는 원천적 분배는커녕 재분배도 제대로 이루어지지 않고 있으며 갈수록 불평등만 심화되고 있다. 장하성 교수는 오늘날 한국의 청년들이 3포, 5포, n포 등 '너무나도 많은 것을 포기'하고 살 수밖에 없고, 그들에게 취업이 모든 생활의 목표가 되며, 스펙 쌓기가 생활의 전부가 되고 있는 불행의 원인은 모두 이 '불평등' 때문이라고 본다. 장 교수는 "그렇기 때문에 청년세대의 아픔은 결코 스펙 쌓기와 자기계발, 긍정과 힐링으로 치유될 수 없다. 내가 치유된다 하더라도 누군가는 나의 아픔을 대신 감내해야 하는 구조이기 때문이다. 그들의 아픔은 세상을 바꾸지 않고서는 치유될 수 없다. 청년세대가 스스로 이를 깨닫고 자신만이 아니라 세상을 힐링하는 데 나서야 한다. 혼자서 긍정의 최면을 걸고 자기계발의 노력을 하면 극복된다는 미신에서 빠져나와야 한다"고 말한다.

장 교수의 말대로 청년들에게 필요한 것은 값싼 힐링이나 위로가 아니다. 앞에서도 지적했듯이 성공학 관련 책들이나 대부분의 자기계발서는 청년들에게 '성공'의 판타지를 심어주고, 실패할 경우 모든 책임을 시스템이 아닌 개인에게 돌림으로써 '불평등 사회'에 대한 비판적 인식을 마비시키며, 다수인 실패자들을 (열등감을 동반한) 더 큰 곤경으로 몰아넣는다.

저항은 불평등과 불통사회를 향한 단순한 비판이 아니다. 저항은 개인이 고립의 상태에 머물러 있지 않고 사회적 관계의 망으로 진입하는 행위이며, 이를 통해 개인과 사회라는 이중적 층위에서 건강한 자아를 실현하는 행위이다. 저항을 통해 개인은 다른 개인들과 연대하며, 사적인 이해관계를 넘어 건강한 공동체 담론과 마주친다. 저항은 모든 개인의 운명이 불가피하게 얽혀 있으며, 건전한 사회는 오로지 개인들 사이의 건강한 '관계'에 의해 형성된다는 사실을 깨닫게 만든다. 저항은 소외와 불평등과 억압이 개인의 문제만이 아니라 사회적 문제임을 의식하게 만들며, 참 인간과 참 인간의 연대가 얼마나 아름답고 소중한 것인지 알게 해준다. 저항을 통해 우리는 공동 운명의 타자들을 더욱 의식하게 되고, 타자에 대한 배려와 공감과 소통을 배우게 된다.

19세기 러시아 시인인 네크라소프Nikolai Nekrasov 는 "슬픔도 노여움도 없이 사는 자는 조국을 사랑하고 있지 않다"라고 했다. '슬픔과 노여움'은 타락한 사회에 대한 건강한 분노의 표현이며, 자유와 정의와 진리에 대한 갈망의 다른 표현이다. 우리는 정당한 저항을 통해 '슬픔과 노여움'을 타자들과 공유하며, 혼자가 아닌 여럿과 함께 '존엄한' 인간으로 다시 태어난다.

사랑의
의미

서양에서 68세대는 매우 상징적인 의미를 갖는다. 우리로 치면 386세대라고나 할까. 1968년 5월 프랑스 대학생들의 소르본대학교 점거농성과 수백만 노동자들의 파업으로 시작된 '68혁명'은 사실상 모든 진보이념의 시험대였고, 그것의 좌절이었으며, 인류 미래에 대한 새로운 사유의 출발점이었다. 현대사상과 철학을 이끌고 있는 주요 인물 중 상당수가 바로 68세대들이다. 미셸 푸코Michel Foucault, 자크 데리다Jacques Derrida, 질 들뢰즈Gilles Deleuze, 장 보드리야르Jean Baudrillard 와 같이 이름만 대면 알 수 있는 프랑스 '탈근대' 현대사상의 거목들이 1968년 당시 이십 대에서 사십 대

초반의 청장년들이었다. 이들은 19세기 이래 논란의 중심에 서 있던 마르크스의 사상과 프로이트의 정신분석학 등 인간과 사회를 꿰뚫는 핵심적인 통찰들을 온몸으로 학습하고 실험하고 직접 경험한 세대이다. 이들은 한때 진보이념의 철저한 신봉자들이었고, 그것의 관료화에 가장 먼저 절망한 자들이었으며, 결국 절대적인 진리의 존재를 회의한 대표적인 철학자들이다. 이 철학자들은 절대적인 진리만이 아니라 이성 중심의 근대 합리주의의 전통에 대해서도 매우 회의적인 태도를 보였다. 마르크스가 일찍이 「공산주의자 선언」에서 "모든 견고한 것들은 대기 중에 녹아내린다"고 말했던 것처럼, 68세대야말로 플라톤 이래 모든 견고한 사상과 철학과 이념에 한때 심취했었고, 그것을 시험했으며, 의심한 대표적인 세대였다.

이 세대의 사상적 도전과 실험이 (1968년을 정점으로) 격렬한 소용돌이를 거치고 지나간 후, 철학의 영역에서 최근 새로이 주목을 받고 있는 것은 놀랍게도 '윤리담론'과 '사랑담론'이다. 언뜻 보기에 고리타분하기 짝이 없는, "인간의 모든 행위는 선을 지향해야 한다"는 소크라테스의 유구한 명제가 다시 살아나고 있으며, '조건 없는 사랑'만이 유일하고도 궁극적인 답이라는 성찰들이 다시 부상하고 있는 것이다. 온갖 진보적인 사상의 실험과 실천, 그리고 그것의 패배가 휩쓸고 간 자리에서 (어찌 보면 낡아빠져 보이는) 윤리담론과 사랑담론이 다시 불타오르고 있는 이러한 현상을 '윤리적 전회ethical turn'라고 부른다. 그리고 이 윤리적 전회의 중심에 에마뉘엘 레비나스Emmanuel Levinas라는 철학자가 있다.

레비나스의 사상은 '윤리' '가치' 혹은 '도덕'을 불안한 상징으로 간주하는 현대철학의 풍토에서 이것들을 사유의 중심으로 과감히 끌어들인다는 점에서 매우 특이하다. 레비나스의 철학은 양차 세계대전과 아우슈비츠가 상징하는 '근대성의 폭력'에 대한 저항에서 비롯된다. 말하자면 레비나스 사상은 근대성의 무덤 위에서 피어난 윤리의 꽃이다. 도구화된 이성을 무기로 한 근대성은 세계에 대한 지배와 전유專有, appropriation를 특징으로 한다. 근대적 자아 혹은 근대가 만들어낸 자아는 타자를 전유하고 자신과 동일시하는데, 이 동일시는 타자를 존중하고 타자와 함께 하는 것이 아니라 '나'의 이름으로 타자를 지우는 것이다. 이런 의미에서 레비나스의 철학은 600만여 명의 유대인을 학살한 근대성의 폭력에 대한 기억에서 비롯된 것이고, '홀로코스트Holocaust' 이후에 철학을 재정비하는 시도이기도 하다.

레비나스에 따르면 서양철학은 전통적으로 전체성과

동일성 원리에 의해 가동되어왔다. 이는 타자의 존재를 인정하지 않고 자기의 입장에서 타자들을 전유, 지배, 환원시키려 한다는 점에서 '전쟁'의 철학이다. 즉 "전쟁은 외재성外在性, exteriority 과 타자를 타자로 인정하지 않는다." 여기에서 레비나스가 말하는 '외재성'이란 자아의 바깥에 있으면서 동시에 자아로 환원되지 않는 모든 것을 의미한다. 말하자면 모든 타자는 외재성이다. 그들은 나의 바깥에 있으면서 나로 환원되지 않는다. 환원되지 않는 타자들을 나로 환원하려 할 때 '폭력'이 발생한다. 레비나스에 따르면 플라톤에서 시작되어 후설Edmund Husserl 을 거쳐 하이데거Martin Heidegger 에 와서 절정을 이루는 서양철학의 전통은 외재성을 '나'라는 동일성의 전체 안으로 끊임없이 환원해왔다. 그것은 일종의 '자아론Egology '으로 귀결되었으며 (타자가 아닌) 자아의 존재와 인식에 그 모든 에너지를 집중한다. 서양철학의 전통은 그런 의미에서 자아라는 동일자를 동심원으로 만든 존재론적, 인식론적 파장의 축적이다.

레비나스에 의하면 자아 중심의 서양철학은 이제 '윤리학'으로 바뀌어야 한다. 그리고 윤리학의 출발은 자아(나)로 환원될 수도 없고, 규정될 수도 없으며, '전체성totality '의 체계 안으로 귀속될 수도 없는 '타자'의 존재를 인정하는 데서 시작된다. 앞에서 레비나스는 타자를 '외재성'의 개념으로 설명했지만, 그에게 있어서 타자는 또한 '무한성infinity'의 개념으로 설명되기도 한다. 여기에서 무한성이란 그 어떤 범주나 체계로도 환원되지 않거나 포획되지 않는 타자의 속성을 지칭하는 것이다. 이와 유사하게 레비나스는 타자를 '초월성the transcendent'의 개념으로 정의하기도 한다. 초월성이란 자아(나)에 의해 이해되거나 인식될 수 없는, 자아(나) 너머에 있는 타자의 속성을 지칭하는 것이다.

레비나스가 타자를 외재성, 무한성, 초월성으로 정의하는 것은 타자에게 가해질 수 있는 그 모든 형태의 폭력이 애초에 발생하지 않도록 예방하는 장치이기도 하다. 타자가 (궁극적인 의미에서) 나(자아)에 의해, 내 생각대로, 전유되거나 환원될 수 없는 존재라는 것을 인지할 때 비로소 타자에 대한 존중과 환대가 생겨나기 때문이다. 타자들은 '나'라는 동질성에 포획될 수 없는 무한한 '다름difference'의 소유자들이다. 우리는 타자를 내 마음대로 정의하고 규정하고 통어할 수 있는 권리를 가지고 있지 않다. 이런 점에서 '윤리적 주체'는 타자의 외재성, 부한성, 초월성을 온전히 인정하는 데서 출발한다. 주체는 타자의 절대성, 외재성에 대한 조건 없는 수용을 통해 비로소 윤리적 주체가 된다. 그리고 이 경우 윤리적 주체가 할 수 있는 일은 타자의 '얼굴을 환대 Welcome of the Face'하고 그것의 요구에 자신의 모든 것을 다 내어주는 것이다. 레비나스가 말하는 윤리적 주체는 이렇듯 타자에 대한 지배가 아니라 철저한 수동성을 보여주는 주체 이다. 히브리어로 '얼굴'은 '누군가를 향한다'는 의미가 있다. 주체는 타자의 얼굴을 향함으로써, 다시 말해 곤궁에 처한 타자의 부름에 조건 없이 응함으로써 비로소 윤리적 주체가 된다.

　　약간 어려워 보이지만 레비나스의 철학은 의외로 간단 하다. 그가 말하는 윤리란 타자에 대한 모든 형태의 지배를 포기하고 타자의 곤경에 조건 없이 응하는 것을 의미한다. 그가 볼 때, 타자의 얼굴은 내 앞에 있는 것이 아니라 내 위 에 있다. 그것은 저 높은 곳, 즉 나의 지배가 불가능한 곳에 서, 그러나 가장 약한 자의 모습으로 나를 '호명interpellation' 한다. 이 경우 윤리적 주체가 할 수 있는 일은 "네가 어디 있 느냐?"라고 묻는 신에게 "내가 여기 있나이다Here I am "라고 말하는 것처럼 절대적인 순종밖에 없다. 레비나스에 의하면 타자의 "얼굴은 내가 그 호소를 외면하거나 잊거나 할 수 없 는 방식으로 내게 부과된다. 즉 그것은 그 비참함에 대해 내 가 책임을 멈출 수 없는 방식으로 내게 부여된다." 이런 점에서 레비나스는 '나'를 "타자를 위한 존재I am-for-the Other"로 정의하고, "타자를 위한 존재가 됨Being-One-for-the-Other"을 "존재를 넘어서는 **의미화**의 탄생the Birth of Signification beyond Being"이라고 했다.

실제 생활에서 우리는 얼마나 많은 타자를 나의 뜻대로 지배하고 전유하려 하는가. 몇 년 전 캐나다 토론토에서 엽기적인 살해사건이 일어났다. 베트남전 난민으로 캐나다로 이주한 한 가족의 슬픈 이야기다. 부모는 난민이라는 최악의 상황에서 벗어나자 자식에게 모든 것을 쏟아부었다. 자식은 그들의 미래였으며 보험이었다. B학점이 나름 '존경할만한' 점수로 여겨지는 캐나다 사회에서 부모는 딸에게 전과목 A를 강요했다. 그들에게 B학점은 용납할 수 없는, '경멸스러운' 점수였다.

그러나 고학년에 이르자 전과목 A의 성취는 점점 어려워졌고, 딸은 부모의 기대에 어긋나는 것이 두려워 성적표를 위조하기 시작했다. 딸은 결국 성적 미달로 고등학교도 졸업하지 못했으나 위조의 범위는 점점 더 심해졌다. 딸은 부모의 기대에 따라 전과목 A로 고등학교를 졸업한 후 명문 토론토대 약학과에 다니는 것으로 성적과 모든 관련 문서들을 위조했고, 부모가 원하는 '가짜 자기'의 모습대로 살아갔다. 딸은 병원에 인턴을 나간다고 부모를 속였고, 마침내 딸의 행각에 수상함을 느낀 부모의 추적으로 인해 위조의 전모가 밝혀졌다. 부모는 딸의 휴대 전화를 빼앗고, 외출을 금지시켰으며, 남자친구를 만나지 못하게 했다. 결국 이 일은 딸이 남자친구와 공모하여 갱들을 동원해 부모를 살해하는 사건으로까지 비화했다.

『연금술사』『순례자』등의 소설로 1억 부 이상의 최고 판매를 기록한 세계적인 작가 파울로 코엘료는 고등학교 시절, 부모에 의해 무려 세 번이나 정신병원에 강제로 입원당했다. 성적이 나쁘다는 것 외에 일반적인 십 대 청소년과 크게 다를 바 없는 '사소한 방황'을 일삼던 코엘료는 정신병원에서 그때마다 혹독한 전기충격요법에 시달렸다. 당시 코엘료를 담당했던 의사에 따르면 전기충격요법은 물리적으로 뇌를 완전히 다시 세팅하는 것이었다. 과거는 사라지고 아무런 정보도 기록도, 기억도 없이 뇌를 텅 비게 만든다는 말이다. 어느 인터뷰에서 노년의 코엘료는 그로 인해 자신이 평생 트라우마에 시달렸으며, 어린 자신을 정신병원에 강제로 입원시켰던 부모들의 행동을 아직도 용서할 수 없다고 고백했다. 자신의 부모들 역시 (그들 입장에서는) 자식을 위해 그런 짓을 했을 테니 용서받을 이유도 없다고 잘라 말했다.

가짜 사랑은 자
신의 이름으로
타자를 지우고
그 자리를 '나'로
채운다. 사랑이
이처럼 나의 이
름으로 타자를
죽이는 과정이
라면 얼마나 끔
찍한 일인가.

정도의 차이야 있겠지만 우리가 일컫는 '사랑'이란 대체로 이처럼 속절없는 것이다. 나의 잣대로 타자를 전유하는 순간 타자는 사라진다. 가짜 사랑은 자신의 이름으로 타자를 지우고 그 자리를 '나'로 채운다. 사랑이 이처럼 나의 이름으로 타자를 죽이는 과정이라면 얼마나 끔찍한 일인가.

엄밀한 의미에서 '나'의 바깥에 있는 모든 사람, 즉 자식, 남편, 부인, 제자, 애인, 한 국가의 국민은 모두 타자이다. 그 타자들은 '나'라는 자아의 지배대상이 아니다. 타자들은 겉으로는 고개를 숙일지언정 자신에 대한 오만한 지배를 거부한다. 그러나 조종되지 않는 타자를 나의 그물로 나포_{拿捕}하는 것을 우리는 종종 '사랑'이라고 부른다. 제3세계를 지배했던 식민주의 논리도 타자를 자기화하는 것이었고, 그것을 '계몽'이라는 이름으로 합리화했다. 모든 독재정권 역시 자신의 그물에 다수의 국민을 가두고 그것을 '애국'이라는 가짜 이름으로 정당화한다. 개인 단위에서 일어나는 수많은 '사랑'도 사실은 '타자의 자기화'인 경우가 허다하다.

타자들은 나에게 '우연히' 온다. 타자의 가까이 옴. 이 '근접성'이 바로 타자에 대한 책임성을 생산한다. 레비나스는 이를 "사로잡히는 책임, 사로잡힘의 책임"이라 했다. 그리하여 사랑은 능동적인 지배가 아니라, 타자 앞에 겸손히 엎

드리는 것이다. 그 자리에서 다자에 대한 '환대'가 생겨난다. 그러나 이 엎드림은 얼마나 어려운가. 그래서 사랑은 궁극적으로 감성이 아니라 의지이고 고통이다.

불편한
인문학을 위하여

온 나라에 인문학이라는 유령이 출몰하고 있다. 각종 문화센터, 방송, 도서관, 심지어 카페에서도 인문학 강좌들이 줄을 잇는다. 인문학 강의를 찾는 대부분의 사람은 '힐링'을 기대한다. 도대체 그들은 어디가 아픈 것이며 과연 인문학은 그들에게 묘약이 될 수 있는가. 많은 사람이 오해하는 것이 있다. 인문학을 무슨 정신의 외상을 치료하는 만능 '아까징끼' 정도로 생각하는 것이다. 인문학이라는 '빨간약'을 바르면 금세 영혼의 새살이 오르고 세련된 교양의 소유자가 될 것이라는 착각 말이다.

인문학은 짧은 시간에 정신의 외양을 바꾸어놓는 장

식품이 아니다. 인문학은 손쉬운 정답기계가 아니라 불편한 '질문'이다. 인문학은 인간과 세계에 관해 당연하다고 생각되는 모든 것을 근저에서 의심한다. 당연한 것은 없다. 인문학은 '공리 公理, axiom'를 의심하므로 그것을 철석같이 믿는 사람들에게는 일종의 '삐딱하게 보기'처럼 느껴질 수도 있다. 대충 봐서는 보이지 않았던 것이 삐딱하게 파고들 때 보인다. 세상을 삐딱하게 보기 시작하면 그때부터 '혼란'이 시작된다. 비판 없이 믿어왔던 세계가 와르르 무너지기 때문이다.

바디우에 따르면 이런 의미에서 철학의 목표는 "젊은이들을 타락시키는 것"이다. 여기에서 타락시킨다는 것은 "기존의 의견들에 대한 맹목적인 복종을 전적으로 거부할 가능성을 가르치는 것"을 의미한다. 소크라테스도 젊은이들을 타락시키고 국가의 여러 신들을 믿지 않았다는 죄목으로 사형선고를 받았다. 이때 '국가의 여러 신들'이란 그리스 신전의 신들을 의미하면서 동시에 당시 그리스 사회를 지배하던 공리를 의미하는 것이다. 왜 아니겠는가. 소크라테스는 입만 열면 질문을 던졌으며, 그의 철학은 질문에서 시작해 질문으로 끝났다. 그는 '너 자신'까지도 의심할 것을 요구했다.

확실하지 못한 모든 것은 질문과 회의의 대상이 되어야 한다. 질문을 억압하는 사회는 무언가를 숨기고 있는 사회이며, 수많은 질문을 다 견뎌낸 명제야말로 우리가 유일하게 믿을 만한 것이다. 이렇듯 인문학은 값싼 치유를 주는 것이 아니라 질문 부재의 안온한 삶을 뒤흔드는 것이다. 질문을 거부하는 사회에게 인문학은 최대의 적이며 불편한 대상이다. 인문학은 시스템의 뿌리까지 파고들어 '왜?'라는 질문을 끊임없이 던지기 때문이다.

2007년 하버드대학교에서 나온 보고서에 따르면, 하버드 '리버럴 에듀케이션liberal education'의 목표는 "추정된 사실들을 동요시키고, 친숙한 것들을 낯설게 만들며, 겉으로 그럴싸하게 보이는 것들의 아래와 배후에서 일어나는 것들을 드러내고, 젊은이들의 방향감각을 혼란시키며, 스스로 다시 방향을 잡을 수 있는 방법을 찾도록 도와주는 것"이다. 하버드 리버럴 에듀케이션의 목표는 놀랍게도 소크라테스의 죄목을 그대로 이어받고 있다.

최근 불고 있는 인문학 열풍은 과연 이 불편한 질문들의 확산인가. 모든 인문학 강좌에 이런 혐의를 둘 수는 없다. 다만 일회성 치유의 값싼 위로들 앞에 인문학이란 이름을 붙여서는 안 된다. 교육부의 프라임 사업(PRIME, 산업연계교육활성화선도대학사업)으로 당장 2017학년부터 인문학과 사회학 계열의 정원이 2,500여 명 줄어들고 이공계열 정원

질문은 '성찰'과 '반성'의 다른 이름이다.
질문이 없고
닫힌 추론과 공리만 있는 사회는
사상누각이다.
적어도 공동체 일부는
계속 반성의 질문을 던져야 한다.

은 4,400여 명이 늘어난다. 구조조정의 이름으로 인문학 세열 학과의 정원축소 혹은 폐과가 속출하고 있다. 총 6,000억 원의 지원금 앞에서 대학과 인문학의 이념은 산산이 찢기고 있다. 이 와중에 대학 인문역량강화사업(코어 사업)의 이름으로 인문학은 융복합의 실험학문으로 거듭나기(?) 위해 제살을 깎아먹고 있다. 여기에도 총 600억 원이라는 자본의 당근이 있다. 질문을 죽이고 그 자리를 '성과'와 '생산성'으로 바꿔치기하는 정책들이 '인문역량강화사업'이라는 이름으로 진행되고 있는 것이다.

질문은 '성찰'과 '반성'의 다른 이름이다. 사회의 모든 영역이 이 일에 매달릴 수는 없다. 그러나 질문이 없고 닫힌 추론과 공리만 있는 사회는 사상누각이다. 적어도 공동체 일부는 계속 반성의 질문을 던져야 한다.

앞에서 우리는 '책 읽기의 힘'이라는 제목으로 니체의 '슬로우 리딩'에 대해 살펴봤다. 소위 교양을 위해 많은 사람이 책을 읽어야 한다는 강박관념에 시달린다. 최근에는 각종 '유령 인문학'들이 출몰하면서 그렇지 않아도 분주한 사람들을 더욱 초조하게 만든다. 그냥 있다가는 마치 교양인의 자격을 박탈당할 것 같은 두려움이 그것이다. 그러나 진짜 교양은 앞에서 하버드대학 교양교육(리버럴 에듀케이션)의 목표에서 살펴봤듯이 "추정된 사실들을 동요시키고, 친숙한 것들을 낯설게 만드는" 독서에서 시작된다. 값싼 힐링으로 문제의 본질을 회피하고, 통념에 대한 도전이 없는 정보 나부랭이들을 교양이라고 부를 수 없으며, 더욱이 인문학이라고 부를 수 없다.

진정한 인문학은 '불편한' 것이다. 그것은 통념을 깰 것을 요구하기 때문에 불편하고, 개인들에게 알을 깨고 새로운 세계로 나올 것을 주문하기 때문에 불편하고, 이룰 수 없는 것을 요구하기 때문에 불편한 것이다.

그러므로 인문학을 만나려는 사람들에게는 용기가 필요하다. 누구나 당연하다고 생각하는 통념을 깰 수 있는 용기, 정당하게 '개기며' 살 수 있는 용기, 때에 따라 공리를 거부하는 '예외적 개인'이 될 수 있는 용기가 사람을 바꾸고 사회를 바꾼다. 대부분의 생각이나 개념은 영원한 정당성을 갖는 철밥통일 수 없다. 세계는 변한다. 따라서 그 세계를 설명하는 입장이나 생각들도 변할 수밖에 없다. 인문학은 당연한 것으로 간주되는 모든 것에 질문을 던지고 그것의 타당성을 따지며, 인간의 자유와 평등을 방해하는 모든 것에 반기를 들고 변화를 꿈꾼다. 인문학은 (당장은) 이룰 수 없는 것을 꿈꾼다는 점에서 유토피아적이고 우상 파괴적이다. 그러나 모든 유토피아는 실현되기 위해서 있는 것이며, 천천히 실현되어왔다. 고대노예제사회나 중세봉건사회에서 볼 때, 근대시민사회는 상상하기조차 어려운 '유토피아'였다. 그러나 그 유토피아는 더디지만 마침내 왔고, 노예들과 농노들은 해방되었다. 이것이 '불편한' 인문학의 힘이다.

'아무것도 하지 않겠다'는 P의 이야기

어느 해 봄날 저녁 어스름, 쓰던 원고를 끝내고 아내와 한담을 나누고 있을 때였다. 아내가 갑자기 제안을 해왔다. P를 만나러 전남 장흥에 가자는 것이었다. 대충 잡아도 중간에 휴게소에 들르고 하면 다섯 시간을 차를 몰아야 하는 거리였다. P의 집에 도착하면 거의 자정 무렵이 될 것 같았다. 아내와 나는 평소에도 이렇게 즉흥적인 여행을 떠나곤 하는데, 어떤 때는 새벽 한 시에 동해안으로 차를 몬 적도 있었다. 전화를 하니 P는 뛸 듯이 좋아하며 어서 내려오라고 했다. 그가 경기도에 살 때만 하더라도 마음만 먹으면 언제든지 만났지만 장흥에 내려간 이후로는 좀처럼 엄두가 나지 않았다.

평일 하행선의 고속도로는 한가했고 금방이라도 그의 집 앞에 도착할 것 같았다. 그러나 빨리 보고 싶은 마음에 자꾸 액셀을 밟아도 P의 집은 멀고도 멀었다. 밤은 점점 더 깊어갔고, 우리는 밤 열한 시가 훌쩍 넘은 시산에 겨우 징홍 읍내에 도착했다. 내비게이션을 보니 P의 집은 읍내에서도 20여 킬로미터를 더 간 후에 산속으로 올라가야 하는 곳에 있었다. 지방도를 달려 그가 사는 산골 입구에 다다르니 온 세상은 암흑과 적막 속에 파묻혀 있었다. 그나마 검은 실루엣의 나무들 사이로 달이 떠 있었고, 희미하게 구름이 지나가고 있었다. 멀리 소쩍새 우는 소리도 들렸다. P의 집은 산골짜기에서도 가장 꼭대기에 자리 잡고 있었는데, 집 앞에 이르자 오른쪽으로 어둠 속에 매화나무들이 줄지어 서 있는 것이 보였다. 매화꽃이 검은 화폭 속의 흰 솜뭉치들처럼 희미하게 빛났다. 그는 도대체 왜 고향도 아닌 이 산골로 내려왔을까. 그를 보는 일이 왜 이렇게 멀고 힘들어졌을까.

P는 대학 시절 탈춤 동아리에서 살다시피 했다. 그가 꽹과리를 들고 덩실덩실 춤을 추며 노천극장으로 들어오면, 장내는 곧이어 전개될 풍성한 재담과 해학과 풍자에 대한 기대로 넘실거렸다. 그는 탈패를 이끌고 신명에 온몸을 맡긴 채

'마당'에 모인 관객들을 울리고 웃겼다. 그는 대학 시절 내내 달패에서 활동하면서 학생운동을 했고, 여러 사건에 연루되면서 무려 세 차례나 투옥됐다. 그러다 보니 대학을 졸업하는데 십이 년이 걸렸고, 대학을 졸업할 무렵 그는 이미 삼십 대 초반이 되어 있었다. 투옥 경력 때문에 일반 회사에 취업할 수도 없었다. 그가 궁리 끝에 찾아낸 곳은 사설 입시학원이었고 밥벌이를 위해 그는 학원 강사생활을 시작했다. 비록 동네의 작은 학원에서 시작했지만 그는 온 힘을 다해 열정적으로 학생들을 가르쳤고 나름 실적도 인정받아서 나중에는 강남에서 잘 나가는 학원강사가 되었다.

강남 학원가에선 강사들 사이의 생존경쟁이 치열하다 못해 거의 전쟁이나 다름없었다. 그나마 쫓겨나지 않으려면 밤잠을 설쳐가며 일하지 않으면 안 되었고, 사생활이란 언감생심 꿈도 꾸지 못했다. 주당 사십 시간이 넘게 같은 내용의 강의를 계속 반복해야 했으며, 강의가 없는 시간에는 교재개발과 강의자료 준비 등으로 번번이 날을 새워야 했다. 덕분에 수입도 엄청 좋아졌지만 십여 년의 강사생활에 그는 지칠 대로 지쳐갔다. 피로는 누적될 대로 누적되어 몸은 늘 물 먹은 솜뭉치처럼 무거웠으며, 어쩌다 쉬는 날에는 텔레비전 리모컨을 들고 온종일 빈둥거리는 것으로 소일하지 않으면 안 되었다. 그는 황지우 시인의 표현처럼 자기 몸이 점점 더 '영혼'이 사라진 '가죽 부대'가 되어가고 있다는 생각이 들었다. 그것은 생기가 사라진, 매우 불편하고도 지리멸렬한 '가죽 부대'였다. 생계 때문에 어쩔 수 없이 시작한 일이었지만 그는 이 일에 점점 녀 넌더리가 나기 시작했다. 어느새 돈과 경쟁만이 그의 삶의 전부가 되어 있었던 것이다. 마르크스는 「임금노동과 자본」이라는 글에서 노동자들에게 있어서 진정한 삶은 노동이 아니라 일과를 끝낸 후의 저녁 식탁이나 선술집에서 시작된다고 했다. 그러나 그에게는 식구들과의 평안한 '저녁 식탁'도, 좋은 친구들과의 '선술집'도 허락되지 않았다. 그는 오로지 돈 버는 기계였으며, 무한경쟁의 시장에 내던져진 상품에 불과했다. 게다가 그가 더욱 견딜 수 없었던 것은 평소 자신이 늘 비판해왔던 입시위주의 교육의 최전선에서 돈벌이를 하고 있다는 자괴감이었다. 이것은 도대체 앞뒤가 맞지 않는 생활이었던 것이다.

긴 방황 끝에 그는 '돈 버는 기계'로서의 삶을 끝내기로 작정했다. 돈보다 더 중요한 것은 자신만의 고유한 시간이었으며 그 무엇에도 시달리지 않는 평온한 시간이었고, 그것을 사랑하는 가족과 나누는 일이었다. 그는 시스템의 노예가 되어 더 이상 인생을 허비하고 싶지 않았다. 그는 여기저기를 물색하다가 지인이 먼저 들어가 살고 있었던 전라남도 장흥의 산골로 내려갔다. 장흥은 임권택 감독의 백 번째 영화인 「천년학」의 배경이 된 정남진 바다가 있는 곳이고, 소설가 이청준과 한승원, 시인 송기숙 등을 배출한 문화의 고장이기도 하다. 소설가 한승원은 본인이 문학사계의 거목이기도 하지만 2016년에 소설 『채식주의자』로 맨부커 인터내셔널 부문을 수상해 세상을 깜짝 놀라게 한 소설가 한강의 아버지이기도 하다.

P는 마침내 장흥 산골에 작은 집을 짓고 주저앉았다. 그곳에서 그는 부인과 '머루'라는 이름의 반려견, 그리고 '나물이'라는 이름의 고양이와 함께 살고 있었다. 마당에서 내려다보면 산과 산들이 어깨를 맞대고 있는 고요한 마을이었다. 집 옆에는 백여 그루의 매화나무가 자라고 있었다. 이른 아침에 보니 매화밭 넘어 봉우리와 봉우리 사이를 흰 안개가 감싸고 있었다. 그곳에는 '멈춰 선 시간'이 있었고, 남는 시간이 넘쳐났으며, 모든 형태의 계획과 목표와 성취를 조롱하는 자유가 있었다. P는 무척 편안해 보였다.

나는 이렇게 도시에서 멀리 떨어져 사는 그가 언뜻 봐서 잘 이해가 되지 않았다. 한편으로는 부러움에 괜히 심술도 나서 P에게 물었다. "도대체 뭘 하려고 여기로 내려온 거야?" 내 질문에 그는 간단히 대답했다. "뭘 하려고가 아니라, 아무것도 하지 않으려고요." 이어서 그는 말했다. 그동안 너무 일과 돈에 쫓겨 살다보니 '자기'가 사라졌다는 것이다. 그래서 그는 모든 것을 축소하고 단순화해서 잃어버린 '자신'과 자신의 시간을 찾기로 했다는 것이다. 생활에 필요한 최소한의 것만 벌고 소비를 최대한 줄이면, 돈과 경쟁의 시간은 사라지되 자신의 시간은 많아진다는 게 그의 논리였다. 실제로 그가 그곳에서 아무 일도 하지 않는 것은 아니었다. 그는 일주일에 딱 두 번만 근처 중고등학교의 방과 후 교실에 나가서 강의를 했다. 그 이상 일거리가 들어와도 하지 않았다. 먹거리는 집 주변의 텃밭에서 대부분을 해결했고, 나머지 시간은 돈 없이 풍요롭게 보낼 수 있는 일로 가득 채웠다. 독서와 글쓰기, 음악감상, 컴퓨터로 영화보기, 산책, 인근 문화인들과의 가벼운 교류 등이 그의 생활의 전부였다. 그의 부인은 야생화를 채취하여 차로 덖는 것을 배우고 있었고, 노후를 대비해 사이버 대학의 사회복지학과에 편입하여 집에서 학위과정을 이수해가고 있었다. 시간이 많은 데다 워낙 성실해서 부인은 장학생으로 등록금 한 푼 내지 않고 미래의 사회복지사를 준비하고 있었다. P는 이렇게 사는 방법을 선택함으로써 돈과 경쟁만 남아 있는 '시장중심의 사회'로부

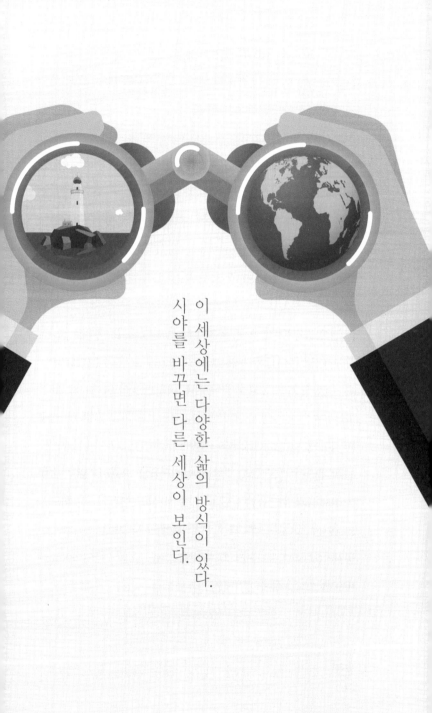

이 세상에는 다양한 삶의 방식이 있다.

시야를 바꾸면 다른 세상이 보인다.

터 자유로울 수 있었다. 그의 말을 따르면, 소비를 최소화하고 먹거리를 자체 해결하면서 생활 전체를 단순화한 결과 월 50만 원이면 너끈히 살아지더라는 것이었다. 그는 가난했지만 풍요로웠고, 사실상 '가난' 혹은 '부'라는 잣대로 규정할 수 없는 다른 삶을 살고 있었다.

미국의 시인이자 작가이며 철학자인 헨리 데이비드 소로Henry David Thoreau 는 『월든 또는 숲속의 생활Walden, or Life in the Woods 』(약칭 『월든』)이라는 에세이집의 저자로 잘 알려져 있다. 그는 1817년 미국 매사추세츠주에서 태어나 하버드 대학교를 졸업했으나 특정한 직업이 없이 다양한 노동으로 생계를 유지하다가, 어느 날 '월든'이라 불리는 외딴 숲속의 호숫가에 직접 오두막을 짓고 그곳에서 이 년 이 개월 이틀을 살았다. 『월든』은 이곳에서의 삶의 기록이며 경쟁과 성취, 효율과 화폐(돈)가 지배하는 '시장 중심주의'에 찌든 수많은 현대인에게 영혼의 깊은 울림을 선사한 책으로 유명하다. 그는 이곳에서 인생의 진정한 의미에 대한 방해받지 않는 묵상에 빠질 수 있었고, 단순하며 자족적인 삶의 '풍요'가 무엇인지를 깨달았다. 그도 생계를 위해 월든 호숫가에서 매일 노동을 했지만 노동의 '노예'가 되는 것을 거부했다. 그는 소비 위주의 삶을 버렸으며 보여주기보다는 자연을 통해 많은 것을 '보는' 삶을 선택했다. 이 '보기'를 통해 그는 더욱 풍요로워졌으며 과도한 소유에 집착하지 않는 단순하고도 소박한 삶의 부요함richness에 빠져들었다. 그는 소탈하게 살아가는 월든 호숫가의 이웃들과도 자연스레 교제를 나눴으며, 사람만이 아니라 나무와 새들, 들짐승과 바람과 비, 안개와 눈도 세상의 소중한 주인들이라는 사실을 깨달았다.

이 세상에는 다양한 삶의 방식이 있다. 시야를 바꾸면 다른 세상이 보인다.

사유화된 가정과
공공 영역

한나 아렌트는 『인간의 조건』에서 가정을 "가장 엄격한 불평등의 장소"라고 했다. 가정은 시민사회와 쉽게 분리되면서 수시로 '사적인' 공간으로 둔갑한다. 사적인 공간이란 타자가 존재하지 않는 공간, 타자를 생각하지 않아도 되는 공간이다. 가정이 과도하게 사적인 공간이 될 때, '사회법'은 그 앞에서 종종 무용지물이 된다. 가정의 최고 권력자인 가장이 안에서 문을 걸어 잠글 때, 가정은 광장의 기억을 잊는다.

2017년 7월 11일 밤에 일어난 한 사건은 경악을 넘어서 할 말을 잊게 만들었다. 이십 대 부부가 세 살 난 아이의

개기는
인생도
괜찮다

목에 애완견의 목줄을 채워 옆방에 방치한 채 친척과 새벽까지 술을 마셨고, 그들이 술에 취해 놀고 있을 때 아이가 죽었다. 문장으로 옮겨놓기도 부끄러운 이 사건은 '사유화된' 가정의 황폐함을 고스란히 보여준다.

르네상스 이후 근대사회가 자율적이고 독립적인 주체로서의 '개인'을 만들어내는 동안, 제도와 시스템의 노예였던 인간들은 천부의 인권을 가진 존재로 거듭 태어났다. 인간은 누구나 평등하고 자유로운 개체로서 자신만의 고유한 삶을 향유할 수 있게 되었으며, 사회법을 위반하지 않는 한 그 어떤 체제도 개인의 자유를 침해할 수 없게 되었다. 그렇게 해방된 '개인'들이 모여 근대적 '개인주의'를 만들어냈고, 자유로운 개인들이 온 세계를 활보했다. 그러나 이 새로운 '인간 해방'은 과거에는 없던 새로운 문화를 만들어냈는데, 그것은 바로 공공 영역의 약화와 가정의 사유화다.

공동체가 살아 있던 사회에서 가정은 늘 타자들에게 열려 있었다. 옆집의 숟가락 숫자까지 다 알던 시대가 그런 시대다. 한 집안의 경사는 마을 전체의 경사였고, 한 집안에서 일어나는 만행은 온 마을의 비난의 대상이 되었다. 지금은 사정이 달라졌다. 비사회적인 개인들과 비사회적인 가정이 양산되면서 공간상의 '옆집'도 이제는 '부재不在의 집'이 돼버렸다. 옆집에서 누가 굶어 죽어도, 어린아이가 개 목줄에 묶여 있어도 사정을 알 도리가 없다. 사생활이 범죄의 형태로 외부에 노출되기 직전까지 가정은 무법천지, 정의 대신 폭력이 지배하는 공간이 될 가능성이 커졌다.

과도하게 사유화된 가정들, 공석 담론의 세계와 단절된 가정들을 지배하는 것은 '사유화된 법'이다. 사유화된 법은 '공의公義'의 원칙을 무시하므로 자의적이다. 한마디로 말해 '제멋대로'인 것이다. 이런 가정 안에서 가족 구성원들은 아무런 통제도 없이 각자 자신의 권력의 크기에 따라 다른 가족들에게 자신의 사적인 '취향'들을 '당위'의 형태로 강요한다. 몇 년 전 '엄마가 원하는 학교에 못가서' 투신자살한 한 고등학생의 이야기가 보도된 적이 있다. 이 학생에게 강요된 '학교'는 '당위'가 아니라 엄마의 '취향'이었다. 엄마의 지극히 사적인 욕심이 자식을 죽인 것이다. 공적 담론이 차단된 가정에서는 상식이 무너지고 합리적 사유가 설 자리를 잃는다. 분란이 일어나고 통제 불가능한 언어·물리적 폭력이 난무한다. 가정사이니 아무나 끼어들기도 힘들다.

이렇게 사유화의 강도가 높은 공간일수록 억견臆見, doxa이 지배할 가능성도 커진다. 사유화된 공간은 개성과 차이를 생산하는 공간이면서 동시에 편견과 무법과 폭력에 가장 많이 노출되어 있는 공간이다. 따라서 사유화된 공산의 건강성은 공적인 담론의 세계와 그것이 얼마나 제대로 연결되어 있는가에 달려 있다. 관계지향적이고 타자지향적인 개인들이 모여 이루는 가정이야말로 건강한 가정이다. 타자성이 희석되고 사유화만 깊어질 때, 많은 사람이 가장 사랑받고 보호받아야 할 가정에서 가장 무시당하며, 가장 큰 상처를, 가장 자주 받게 된다. 그래서 몇몇 사람들은 가정을 '집구석'이라고 호명한다. 가정이야말로 '내 멋대로'의 공간이 아니다. 가정에서도 페어플레이가 필요하다. 가정은 누구에게나 지상의 처음이며 또한 마지막 처소이기 때문이다.

가정은 사회의 거울이다. 가정이 사유화되고 가정 안에서 폭력이 만연하다는 것은 가정을 에워싸고 있는 사회 역시 그런 속성을 가지고 있음을 보여준다. 가정의 구성원들은 집 밖으로 나가면 사회의 구성원들이고, 사회 안에서 관계를 꾸려나가는 법을 배운다. 사회가 반이성적이고 비합리적일 때 그 문법을 자신도 모르게 학습한 개인들은 집 안으로 들어와 자신이 사회에서 습득한 관계의 원리를 그대로 행사한다. 게다가 가정에서는 불합리성을 제어할 장치가 상대적으로 부족하기 때문에 더욱 노골적인 '권력'의 지배가 이루어진다.

'공공 의식'을 상실한 부모에 의해 자행되는 폭력은 주로 자녀를 사유화하는 데서 나타난다. 자녀를 사유화한다는 것은 자녀의 타자성을 인정하지 않는 것, 즉 자녀를 자신의 소유물로 전유한다는 것을 의미한다. 앞에서 우리는 레비나스의 '타자성'의 개념을 살펴봤다. 타자성이란 타자의 외재성, 무한성, 초월성을 의미하는 것이었다. 타자는 내가 아닌 내 밖에 있는 존재(외재성)이며, 나에 의해 규정될 수 없는 존재(무한성)이고, 나의 통제를 넘어선 곳에 있는 존재(초월성)이다. 타자의 이런 속성을 무시하고 타자를 자신과 동일시하려고 할 때 폭력이 발생한다.

한국은 유럽이 수백 년에 걸쳐 이룩한 근대화를 유례가 드물 정도로 짧은 시간에 성취했다. 그 결과 우리 사회에는 아직도 봉건적·전근대적 잔재들이 곳곳에 남아 있다. 최근 한 육군대장과 그의 부인이 공관병을 마치 노예처럼 함부로 부려먹어 온 국민의 공분을 사고 있다. 보도에 따르면 이들은 공무와 사생활을 전혀 구분하지 못했으며, 국가의 세금으로 복무 중인 군인들에게 자신들 안방의 화장실 청소, 속옷 빨래, 텃밭 가꾸기, 휴가 나온 아들의 바비큐 파티 준비까지 시켰다. 맘에 들지 않으면 아무 때나 썩은 과일과 전을 공관병 얼굴을 향해 집어 던졌다. 육군대장이라는, 공인 중의 공인인 사람과 그 가족이 저지른 이 갑질은 우리 사회가 얼

개기는
인생도
괜찮다

마나 비합리적이고 비이성적인 사회인지 잘 보여준다. 공공 영역이 이렇게 취약한데, 훨씬 사적인 가정의 공간에서 어떤 일들이 벌어질지는 능히 짐작이 가고도 남는다.

건강한 가정과 건전한 사회는 항상 서로 맞물려 있다. 독일의 철학자인 위르겐 하버마스는 진정한 "공공 영역public sphere"이 갖춰야 할 세 가지 조건을 다음과 같이 이야기한다. 첫 번째 조건은 "지위의 무시disregard of status"이다. 공공 영역에서 소통이 제대로 이루어지려면 막말로 '계급장'을 떼고 민주적이고도 평등한 개체로 만나야 한다는 뜻이다. 두 번째 조건은 "공동의 관심 영역domain of common concern"이다. 가정이나 사회에서 공동의 관심사는 구성원들의 민주적인 토론문화를 활성화한다. 세 번째 조건은 "포괄성inclusivity"이다. 포괄성의 반대말은 배타성exclusivity 이다. 진정한 공동체는 구성원들을 다양한 이유를 들어 배척하지 않고, 최대한 참여시켜야 한다.

갈수록 사유화되는 가정이 공공성을 회복할 때 민주적인 가정, 억압적이지 않은 가정, 대화가 살아 있는 가정, 상처받지 않는 가정이 만들어진다. 공공성이 회복된 가정은 건전한 사회의 튼튼한 기반이 되며, 그 기반 위에 세워진 사회는 다시 건전한 가정을 강화하는 데 기여할 것이다. 가정은 그 누구의 소유물도 아니다. 가정은 다름 아닌 '인간'들로 구성되어 있으며, 모든 인간은 그 누구도 전유하지 못할 고유한 개체성을 가지고 있기 때문이다. 이 고유한 개체성의 다른 이름이 바로 '타자성'이고 그 타자성을 존중하는 것이 '공공 영역'의 정신이다. 가정과 사회에서 이런 정신을 회복하는 것이 시급하다.

가정이야말로 '내 멋대로'의 공간이 아니다.
가정에서도 페어플레이가 필요하다.
가정은 누구에게나 지상의 처음이며
또한 마지막 처소이기 때문이다.

우리는
왜 자유롭지 못할까

지금으로부터 약 이십 년 전에 나는 태어나서 처음으로 비행기를 타고 외국으로 나갔다. 미국 플로리다대학 영문학과에 방문교수 자격으로 일 년간 체류할 기회를 얻었기 때문이었다. 나는 영문학자지만 국내에서 학위를 했고, 그 이전까지 외국이라는 곳을 나가본 적이 없었다. 그때까지 아는 외국 문화란 모두 외국 문학작품을 통한 것이었고, 실물로 다른 나라의 문화를 접한 것은 그때가 처음이었다. 난생처음 여권을 만들었고, 방문교수들을 위한 J-1비자 신청 과정에서 여권과 비자의 차이점을 알았으니 지금 생각해보면 촌놈도 그런 촌놈이 없었다. 애틀랜타를 경유한 비행기가

근 열일곱 시간의 비행 끝에 플로리다주 게인즈빌에 있는 작은 공항에 도착했을 때 나는 낯선 이방인이 되었음을 실감했다. 키 큰 야자수들이 우거진 공항에 사슴들이 한가롭게 거닐고 있었고, 타잔 영화에서나 볼 수 있는 늘어진 이끼풀 같은 것이 나뭇가지 사이에 주렁주렁 매달려 있는 모습이 보였다. 공항 출입구를 나서자 뜨거운 아열대의 공기가 훅 밀고 들어왔다. 첫발을 내딛자마자 플로리다의 뜨거운 열기에 기가 죽었다. 한여름이라고는 했지만 숨을 쉬기 어려울 정도로 더웠다. 그런데 마중 나온 사람은 검은색의 긴 팔 남방을 입고 있는 것이 아닌가. 나는 이렇게 더운데 괜찮으냐고 물었다. 놀랍게도 그는 오늘은 매우 선선한 편이어서 긴 팔 남방을 입었다고 말하며 빙그레 웃었다. 나와 우리 가족들은 이 염천의 플로리다에서 한 해를 보낼 생각에 한숨부터 나왔다.

그렇게 시작된 플로리다에서의 생활은 당장 다음 날부터 온통 새로운 경험의 연속이었다. 말 그대로 모든 것이 새로웠다. 심지어 패스트푸드점에서 음식을 주문하는 것까지도 내게는 신기한 경험이었으니까 말하면 무엇 하겠는가. 대학 캠퍼스의 레스토랑에 가서 샌드위치를 주문할 때였다. 웨이터가 나에게 "와이러부라?"라고 물었을 때 나는 도통 무슨 말인지 알아들을 수가 없었다. 명색이 영문학 박사이고 영문학과 교수인 내가 현지에서 현지인들과 대화하면서 이런 일들이 빈번히 생겼다. 나중에 알고보니 이것은 영어의 문제라기보다는 문화적 '차이'의 문제였다. 내가 "와이러부라?"라고 들었던 말은 결국 "화이트 오얼 브라운White or brown?"이라는 질문이었다. 여기까지 이해하고 나서도 나는 그가 나에게 던지는 질문의 의미를 몰랐다. 그것은 밀가루로 만든 흰 빵 혹은 다른 곡식이 첨가된 갈색 빵 중 하나를 선택하라는 말이었는데, 한국에서 샌드위치를 먹을 때 그런 질문을 받아본 적이 없으므로 내가 그 말귀를 못 알아듣는 것은 당연했다.

그 모든 문화적 차이 중에 가장 인상적이었던 것은 그들의 '자유로운' 삶이었다. 대학가나 주택가에서 웃통을 벗고 조깅을 하는 사람들을 자주 만났는데, 아무도 그들에게 신경 쓰지 않았다. 그들은 자유롭게 바람을 가르며 조깅을 즐겼다. 한국에서라면 (아무리 더운 여름이라도) 웃통을 벗고 동네를 뛰어다닐 경우 뭇사람들의 시선이 집중될 것이 뻔하고, 누구나 이 시선이 버거워 그런 행동을 주저하게 될 것이다. 잔디가 우거진 정류장에선 젊은이들이 아무렇게나 길바닥에 앉거나 누워 책을 보며 버스를 기다리고 있었고, 교수들은 청바지에 낡은 티셔츠를 입고 강의실 교탁에 걸터앉

이 학생들과 대화를 나눴다. 공공장소에서 남에 세 피해를 주는 행위가 아니라면, 그 경계 안에서 그들은 각자의 자유를 만끽하고 있었고, 아무도 타자의 삶에 무례하게 개입하지 않았다. 한국에서도 매일 조깅을 해왔던 나도 어느 날 웃통을 벗고 동네 거리를 달려봤다. 남 눈치 보기에 2등이라면 서러웠을 대한민국의 '샌님' 교수로서는 큰 용기가 필요한 일이었다. 처음에는 어색했지만, 나는 금방 깨달을 수 있었다. 내 행동에 대해서 주변의 그 누구도 부담스러운 눈길을 주고 있지 않다는 것을. 나는 점점 대담해졌고 땀으로 범벅이 된 내 몸에 날파람이 와서 부딪힐 때, 알 수 없는 해방감으로 짜릿했다. 그 이후 한국으로 돌아갈 때까지 알몸(물론 상반신만)의 조깅은 계속됐고, 그것은 내내 유쾌한 경험이었다.

이 '자유'의 분위기에 익숙해진 나는 도서관 앞 계단에 혼자 앉아 김치가 섞인 도시락을 까먹기에 이르렀다. 어떤 때는 지나가던 영문학과의 미국인 교수가 그 자리에 합류하기도 했는데 그는 샌드위치를, 나는 김치 냄새 나는 도시락을 각자 먹으면서 아무렇지도 않게 유쾌한 대화를 나눌 수 있었다. 그러나 한국에 돌아오자마자 그 누구도 시키지 않았지만, 나는 이 황홀했던 자유들을 바로 포기하지 않으면 안 되었다. 한국 대학의 어느 교수가 캠퍼스 계단에 앉아 도시락을 까먹고, 캠퍼스 안에서 웃통을 벗고 조깅을 할 수 있으랴. 한국에선 한여름에 캠퍼스 바깥에서 선글라스를 상시 착용하는 교수들도 캠퍼스 안으로 들어오면 얼른 선글라스를 벗고야 만다. 불편한 시선이 집중되기 때문이다.

당시에 내가 거주하던 게인즈빌 아파트에는 한국의 다른 대학에서 온 방문교수가 있었는데, 그는 평소에 아열대의 기후에도 늘 긴 바지만 입을 정도로 보수적인 사람이었다. 그러던 어느 날 그가 나를 따라 조깅을 하다 마침내 웃통을 벗었다. 창백하도록 하얀 살결에 통통한 뱃살을 출렁거리며 그는 모처럼 활짝 웃었는데, 나는 그가 어린아이처럼 좋아하고 있다는 것을 알 수 있었다. 그는 그 이후로도 귀여운 분홍 돼지(?)처럼 웃통을 벗고 온 동네를 뛰어다녔는데 아무도 그에게 부담스러운 시선을 보내지 않았다. 다만 불행하게도 그 동네에 살던 한국인 아줌마, 아저씨들에게만 그는 끝없는 입방아의 대상이 되었다. 나도 물론 그 대상에 포함되었겠지만 내 귀로 듣지 않았으므로 신경 쓰지 않았다. 그 분홍 돼지 교수도 지금쯤 나처럼 알몸으로 조깅하던 시절의 그 자유를 그리워하고 있을까.

그때 이후 나를 사로잡던 질문 중의 하나가 바로 '우리는 왜 자유롭지 못할까'였다. 체면과 허례허식을 중시하는

우리는
왜
자유롭지
못할까?

왜곡된 유교문화의 결과니 어쩌니 하는 말들은 하도 들어서 별로 설득력이 없었다. 내가 볼 때 우리가 자유롭지 못한 것은 타인의 시선을 지나치게 의식하기 때문이고, 우리가 타인의 시선을 과도하게 의식하는 데에는 그럴 만한 이유가 있다. 바로 '타자성', 즉 타자의 외재성, 무한성, 초월성을 인정하지 않는 우리의 무례한 문화 때문이다.

우리는 도처에서 우리의 타자성을 인정하지 않는 시선들과 마주친다. 가령 부모들은 아이들을 자신의 소유물처럼 대하고, 각종 조직에서는 선배, 윗사람, 간부라는 이름으로 후배, 아랫사람, 직원들에게 동일성의 문화를 강요한다. 우리는 타자들이 우리 바깥에 있는 존재들이며, 우리가 마음대로 규정할 수 없는 존재이고, 우리가 통어할 수도 없고 통어해서도 안 되는 존재들이라는 사실을 너무 자주 망각한다. 타자의 '다름'을 인정하지 않는 이 '동일성'의 문화는 사실 엄청난 폭력이다.

언젠가 새로 이사했던 아파트에서 겪은 일이다. 바로 위층에 다단계 사업을 하는 한 주민이 살고 있었다. 서로 몇 번 수인사를 주고받은 사이였음에도 불구하고 그는 내게 얼굴색이 좋지 않다는 둥 건강에 문제가 있지 않느냐는 둥 터무니없는 발언을 일삼았다. 그는 자신이 판매하는 다단계 건강식품을 권유했고 그것을 거절하자 내게 "아직 죽을 정도로 아프진 않은 모양이군요"라는 말로 화답했다.

우리는 우리 삶에 무례하게 개입하고 우리의 타자성을 철저하게 까뭉개는 수많은 검열의 시선에 둘러싸여 있다. 회식 자리에선 마시기 싫은 술을 강제로 마시게 하고, 끌고 가다시피 한 노래방에선 부를 수 없는 노래를 부르게 하고, 자신의 취미생활을 남들에게 강요하며, 자신이 꿈꾼 미래를 자식에게 강요한다. 청하지도 않은 충고를 일삼고, 원하지도 않는 싸구려 정보를 SNS로 계속 보내는가 하면, 페이스북 같은 매체에서는 상대의 허락도 없이 태그를 걸며, 우리도 모르는 사이에 우리를 자신들의 조직에 가입시킨다. 이런 행위는 점잖게 말해서 타인의 타자성을 무시하는 것이지, 쉬운 말로 하면 남의 집 담장과 안방을 수시로 넘나드는 짓과 다를 바 없다. 이 무수한 시선의 폭력에서 살아남는 유일한 길은 '튀지' 않고 남들과 비슷하게 살아가는 것밖에 없다. 남들과 비슷한 패션과 헤어스타일을 유지해야 하고 비슷한 색깔의 자동차를 끌어야 하며, 비슷한 수준의 연봉을 받아야 하고 비슷한 유형의 소비를 해야 하며, 비슷한 유형의 결혼식을 해야 하고 유사한 스타일의 여행을 해야 한다. 이 '동일성' 혹은 '비슷함'의 문화, 철저하게 평준화된 삶의 방식을 벗어나면 바로 다양한 형태의 공격을 받을 것이다. 그러니 이 땅에서 남의 눈치를 보지 않고 살기란 너무 어려운 일이다. '다름'과 '타자성'을 인정하지 않는 것은 폭력의 문화이자 야만적인 파시즘의 문화다. 그것이 왜곡된 유교문화 때문이건, 오랜 식민지배와 군부독재의 훈육 때문이건, 중요한 것은 이제 그런 '봉건적 폭력'에서 서둘러 벗어나야 한다는 것이다. 이런 문화는 한국에서 수세에 걸쳐 대물림되어왔으며 이제 한국문화의 나쁜 '정체성'으로 자리 잡아가고 있다. 다른 사람의 생활에 피해를 주지 않는 경계 안에서 자유롭게 산다는 것이 뭐 그렇게 대단한 일인가. 이 대단찮은 일조차 우리는 아직 못하고 있다.

상처와
힐링의 사회

언제부터인가 '힐링'이라는 말이 우리 삶의 거의 모든 영역에서 회자되고 있다. 사람들은 좋은 음식을 먹어도 힐링을 이야기하고, 아름다운 경치를 볼 때도 힐링을 말하며, 여행을 가도 힐링, 운동을 할 때도 힐링을 이야기한다. 삶의 도처에 힐링이라는 기표가 떠다닌다는 것은 우리가 그만큼 아프다는 뜻이다. 얼마나 괴롭고 힘들면, 얼마나 상처가 깊으면 매사에 힐링을 외치겠는가. 힐링이라는 말은 '헬조선'이라는 말과 더불어 우리 사회의 병리현상을 잘 보여주는 단어다. 힐링은 이제 모두에게 다급하고 절실한 현실이 되어서 힐링과 관련된 '장사'도 성황이다. 바야흐로 힐링이 산업이 된 것이다. 힐링 여행, 호텔의 힐링 패키지, 힐링 메뉴, 힐링 캠프, 힐링 연수, 힐링 콘서트, 힐링 뮤지컬, 힐링 문화체험, 힐링 한복, 힐링 드라마, 힐링 파크, 힐링 육아교실, 힐링 축제, 힐링 데이트, 힐링 인문학…… 셀 수 없이 다양한 힐링 '상품'들이 성행하고 있다. 이 정도면 한국 사람들 대부분은 환자들임에 틀림없다. 도대체 세계 어느 나라에서 이렇게 힐링이 구호가 되고, 상품이 되고, 산업이 되고 있을까.

세계 11위의 경제 대국이고 소비문화가 경쟁적으로 확산되고 있으며, 어떤 면에서는 세계 최고 수준의 인력자원을 가지고 있는 나라의 국민이 이처럼 하나 같이 다 죽어가는 소리를 하는 이유는 무엇일까. 이에 관해서는 다양한 분석이 가능할 것이다. 그런데 아무리 신자유주의가 세계적인 추세라 할지라도, 그 우산 아래서 한국처럼 극심하게 사람들을 '경쟁'과 '성과' 중심으로 몰고 가는 사회도 드물 것이다. 온 국민이 태어나서부터 죽을 때까지 무한경쟁에 시달린다. 이 경쟁에서 불가피하게도 통계상 상위 5~10퍼센트를 제외한 대부분의 사람은 패배자가 된다. 그러나 소비 모델과 소비희망지수는 늘 상위 10퍼센트가 만들어내며, 그들에 비해 소득이 변변찮은 다수의 사람은 이들의 소비 패턴을 모방하고 선망한다. 누구나 최신 기술의 스마트폰을 갖고 싶어 하며, 성인 가족 수대로 좋은 차를 가져야 하고, 휴가철이면 인천공항이 미어터질 정도로 해외여행을 가줘야 비로소 '사는 것' 같다고 생각한다. 사람들은 늘 수입대비 과도한 소비에 동원되고 그것 때문에 시달린다. 그런데 이렇게 다수의 패배자를 양산하는 경쟁중심의 시스템에 비해 사회적 안전망은 턱없이 빈약하다. 한국의 복지지출은 경제협력개발기구(OECD) 평균의 절반 수준밖에 되지 않는다. 구조적으로 볼 때 한국 사회는 치열한 경쟁과 빈약한 사회안전망이라는 양날의 칼이 많은 사람을 '위기'와 '위험'으로 내모는 사회다. 일자리는 부족하고 노후는 아무도 책임져주지 않는다.

힐링을 원하는 사람들이 저마다 가지고 있는 '질환'의 내용은 다양할 수 있다. 그러나 압도적인 다수가 힐링을 원하고 그래서 힐링이 산업화될 정도라면, 이 질환은 대부분 개인적이거나 사적인 것이라기보다는 공적인 것이고 사회적인 것에서 유발되는 측면이 강할 것이다. 가령 심각한 수준의 소득 불평등과 고용 불평등이 해소되고 취업난이 해결된다면, 수많은 청년의 입에서 '3포 세대' 'n포 세대' 같은 말과 더불어 힐링이라는 말도 사라질 것이다. 그러나 사회적인 차원에서 힐링은 아직도 요원하다. 그러다 보니 사람들은 사적인 차원에서 힐링을 찾는다. 그러나 구조적인 문제가 힐링 상품의 사적인 소비로 해결될 리 만무하다. 힐링 상품은 소비의 대가로 '힐링받았다'는 순간의 오아시스, 판타지를 선사한다. 최면술에 걸린 사람처럼 자신이 힐링받았다고 느낄 때, 소비자들은 치유받고 있는 것이 아니라, 힐링의 환상을 소비하고 있는 것이다.

값싼 힐링 상품에 몰려드는 사람들은 대부분 내부의 고통과 대면하기를 두려워한다. 그것은 마치 괴물의 심연을 들여다보는 것처럼 고통스러운 일이기 때문이다. 그래서 힐링을 찾는 사람들은 상처를 들여다보는 대신 상처를 회피하고 잊는 편을 택한다. 힐링 상품들은 일시적으로 이 '회피하기'와 '잊기'를 도와주는 마취제 혹은 진통제 같은 것이다. 문제는 이런 진통제의 달콤한 도움으로 잠시 상처를 잊으면서 '힐링받았다'고 착각하는 것이다. 하지만 힐링받은 해외여행, 힐링받은 유명 음식점, 힐링받은 바닷가의 호텔 등 힐링받은 그 모든 공간에서 돌아오는 순간, 사라지지 않은 채 그들을 빤히 쳐다보고 있는 상처와 다시 대면하게 된다. 해결되지 않은 질환은 계속적인 치유를 요구할 것이다. 힐링이 꼬리에 꼬리를 물고 다른 힐링에 대한 요구로 이어지는 이유가 바로 이것이다. 온 나라가 힐링 문화, 힐링 산업, 힐링 소비로 가득 차 사람들은 입만 열면 힐링 이야기를 한다. 문제는 그 어느 힐링 시장에도 진정한 힐링은 없다는 것이다.

사회구조적인 문제를 개인이 해결할 수는 없다. 그러나 상처를 대면하는 방식에 대해 고민하지 않으면 안 된다. 상처는 달콤한 판타지로 피하거나 잊거나 덮는다고 치유되는 것이 아니다. 값싼 위로는 짧은 시간 안에 끝날뿐더러 상처와 진정으로 대면할 수 있는 기회를 지연시킨다는 점에서 (치유는커녕) 질환을 더욱 깊게 만들 뿐이다. 진정한 치유는 상처와 정면으로 대면하는 데에서 시작된다. 상처를 열고 그 내부를 들여다보며 그것의 원인을 고통스럽게 분석할 때 제대로 된 힐링이 시작된다. 물론 이 과정은 쓴 약과 같아서 괴롭고 견디기 힘들 것이다. 그러나 절망의 바닥까지 내려가지 않는 한, 상처의 원인은 보이지도 않고 실감으로 다가오지도 않는다. 오히려 바닥까지 내려가 모든 것을 다 보았을 때, 다시 튀어오르는 것 외에 다른 방법이 없을 때, 상처와의 건강한 싸움이 시작되는 것이다. 이 경우에도 우리가 잊지 말아야 할 것이 있다. 질환에도 층위가 있다는 사실이다. 사회적인 질환과 개인적인 질환은 늘 맞물려 있고 뒤섞여 있어서 잘 구분이 되지 않는다. 이 경우 많은 사람이 모든 문제의 원인을 자신에게 돌린다. 이를 '상처에 대한 잘못된 해석(오역)'이라고 부른다. 상처를 정확히 알기 위해서 우리는 개인 단위의 질환과 사회 단위의 질환을 구분할 수 있어야 한다. 사회 단위의 질환은 '나'의 집합인 '우리'의 책임이므로 '우리' 단위, 즉 사회 단위에서 따지고 비판해야 한다. 그렇게 되면 당장에 시술이 가능한 환부가 보이기 시작할 것이다. 그 것은 순전히 개인 단위에서 발생한 '나'의 문제들이 아니다. 나의 불성실, 나의 부도덕, 그리고 나의 의지와 무관하게 내게 닥쳐온 우연하고도 불행한 사건들과 대면하면 된다.

힐링 산업은 개인적 차이를 무시하고, 시스템의 문제 또한 건드리지 않는다. 그것은 무차별적이고 평준화된 전략으로 치유가 아닌 (망각 요법을 통한) '치유로부터의 도피'를 조장한다. 그러니 시장에서 값싼 위로를 기대하며 부족한 시간과 재원을 낭비할 일이 아니다. 진정한 힐링은 환부와 고통스럽게 대면하는 '외로운' 시간에서 시작된다.

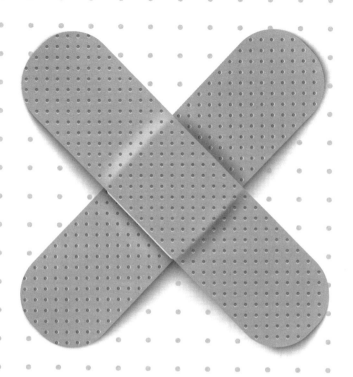

진정한 치유는
상처와 정면으로
대면하는 데에서 시작된다.
상처를 열고
그 내부를 들여다보며
그것의 원인을 고통스럽게 분석할 때
제대로 된 힐링이 시작된다.

자발적 유목민,
S의 이야기

S는 평소에 매우 조용한 친구였다. 학과성적은 늘 좋았지만, 여럿이 모인 자리에서 잘 나서는 편은 아니었다. 체구도 작았고 말수도 적었다. 그저 있는 듯 없는 듯한 청년이었다. 어느 해 9월 초, 개강한 지 얼마 지나지 않아 학생들과 함께한 자리였다. S가 새카맣게 그을린 얼굴에 수염까지 더부룩하게 기르고 나타났다. 아직 앳된 얼굴에 숱이 빽빽한 검은 수염을 기르니 마치 어린아이가 인조수염을 단 것 같아 웃음이 나왔다. 수염 덕분에 자연스레 화제는 S를 향했다.

S는 그해 여름 전국일주 도보여행을 했다. 서울에서 북쪽으로 파주, 문산을 지나 연천을 경유해 동해안의 고성, 화

진포로 간 후 다시 단양, 문경 쪽으로 내려와 임실, 순창, 나주를 거쳐 땅끝 마을 해남까지가 그의 행로였다. 배낭 하나 메고 24시간 사우나나 허름한 여인숙, 동네 마을회관 같은 곳에서 잠을 청하며 그가 전국을 일주하는 데 걸린 시간은 약 두 달이었다. 빨리 걸으면 사십 일 정도에 주파할 수 있는 거리였으나, 그는 느린 걸음으로 주변에 온갖 한눈을 팔며 걷기로 처음부터 마음먹었다고 했다. '천천히 걸어야 세상이 보인다'는 것이 S의 지론이었다.

그해 여름의 전국일주 도보여행은 그다음 겨울방학 때 인도 배낭여행으로 이어졌다. 그는 비용을 줄이기 위해 거의 노숙에 가까운 생활을 하며 인도 전역을 한 달 정도 경유하고 돌아왔다. 이번에도 그는 새카맣게 탄 얼굴에 인조수염을 붙인 아이 같은 얼굴로 돌아왔다. S의 행보는 점점 더 규모가 커져서 해외로 뻗쳐 나갔다. 방학 때마다 그는 해외로 나갔는데, 그것도 주로 오지 중의 오지만 찾아다녔다. 그는 모든 경비를 100퍼센트 자체 해결하고 있었다. 부모님을 비롯해 그 누구에게도 신세 지지 않는 여행을 하는 것이 그의 신조 중 하나였다. 그는 두 탕, 세 탕씩 아르바이트를 하며 경비를 모았고, 자금이 마련되면 주저 없이 떠났다. 어떤 때는 학교를 휴학한 채 몇 달씩 떠돌다 돌아오곤 했다. 졸업도 점점 가까이 다가오고 있었다. 다른 친구들이 취업 준비하느라 스펙 쌓기에 바쁜 이십 대 중후반을, 그는 이렇게 전혀 다른 방식으로 보내고 있었다.

그에게는 나름대로 독특한 생각과 결단이 있었다. S는 서른 이전에는 절대로 취업을 하지 않겠다고 했다. 서른까지는 전 세계를 돌아다니며 세상 구경을 하겠다는 것이 그의 생각이었다. 그 이유는 간단했다. 유치원생 이후 군대생활 외에 학교 바깥이란 데를 나가보지 않은 상태로 '세상 속으로' 들어가기 싫다는 것이었다. S의 생각에 세상은 자신이 생각하는 것보다 훨씬 넓으며, 상상할 수 없이 다양한 가치관과 무수히 '다른' 삶의 방식이 존재한다는 것이었다. 그는 이십 대 중후반을 '세상에 대한 탐사'로 보내겠다고 했다. 그렇지 않고 취업과 결혼이라는 절차를 따라 세상 속으로 바로 들어가버리면 다시는 이런 기회를 얻기 힘들 것이고, 설사 여행을 한다고 해도 '관광' 이상의 의미가 없을 것이라는 게 S의 생각이었다. S의 부모님도 그의 생각에 어렵게 동의했으며, 서른 살 이전까지 그에게 취업과 진로에 관한 어떤 충고나 제안도 하지 않기로 약속했다는 것이었다. 다만, 성인으로서 부모님께 경제적 부담을 안겨드리지 않고 모든 경비는 자체 조달하는 것이 그와 부모님 사이의 약속이었다고 했다. 그러

세상은 얼마나 넓은가.
얼마나 다양한 가치들이
이 세상에 존재하는가.
통념의 잣대에
자신을 희생시키지 않는
청년의 기개는
얼마나 소중하고 아름다운가.

나 나이가 서른이 되어 취업의 기회를 놓치면 어떻게 할 거냐는 나의 '꼰대' 같은 질문에 그는 이렇게 대답했다. "교수님, 왜 살길이 없겠어요. 잃는 것도 있겠지요. 그렇지만 더 중요한 것은 제가 진짜 원하는 삶을 사는 것이에요."

S가 소신을 가지고 자신 있게 말하는 것이 든든했고, 그래서 한편으로 마음이 놓였다. 나는 진심으로 S의 행보를 격려해주었다. 얼마 후 S는 휴학을 했다. 친구들의 전언에 따르면 어디 여행을 떠난 것 같지는 않다고 했다. 그로부터 일 년 반이 지나서야 그의 소식을 들을 수 있었다. 그는 서른 이전에 마지막이자, 그의 표현을 빌리면 '대박'인 세계일주 여행을 가기 위해 그동안 아파트 공사장에서 일을 했다고 했다. 힘들고 고되지만 편의점 아르바이트보다 임금이 훨씬 세기 때문에 공사장을 택했다는 것이 그의 후문이었다. 그리고 얼마 지나지 않아 그는 자기 말대로 '대박'이 될지, 목숨을 건 고난이 될지 모를 세계일주를 떠났다. 약 이 년 동안 아프리카, 중동, 중앙아시아, 네팔, 러시아, 동유럽 일대의 낯선 삶들을 만나고자 했다.

일 년이라는 시간이 지났을까. 누군가 내 연구실 문을 두드렸고, 문을 열자 그 자리에 S가 서 있었다. 앳된 얼굴은 수척해졌고 많이 지쳐 보였으나 그의 눈은 생기에 가득 찬 채 반짝이고 있었다. 그는 중앙아시아 쪽에서 실크로드를 따라가던 중이었는데, 중국 신장위구르자치구 쪽 타클라마칸 사막에서 괴한에게 봉변을 당했다고 했다. 카메라와 현금을 빼앗긴 것까지는 그래도 괜찮았는데 폭행을 당해 오른쪽 갈비뼈가 부러져서 할 수 없이 여행을 중도에 포기했다는 것이었다. S는 '타클라마칸'이 위구르 말로 '돌아올 수 없는 곳'이라는 뜻인데 이렇게 살아 돌아왔으니 다행이라고 말하며 웃었다. 나는 그의 얼굴에서 최소한 '산전수전'의 절반 정도는 다 겪은 한 청년의 피로와 알 수 없는 깊이를 느꼈다.

그는 치료가 끝난 후 다시 떠났다. 출발지는 타클라마칸 사막이었다. 그는 그곳에서 다시 시작해 러시아와 동유럽 일대를 가능한 한 느리게 천천히 돌아다녔고, 다시 한국에 돌아오는 데 무려 일 년이 걸렸다. 그의 나이도 어느덧 서른을 눈앞에 두고 있었다. 학교에 복학 절차를 밟으러 온 날, 그는 다시 내 연구실에 찾아왔다. 그의 얼굴은 깡말랐으나 훨씬 더 단단해 보였고, 숱이 많은 검은 수염으로 뒤덮인 얼굴은 이제 더 이상 '아이'의 얼굴이 아니었다. 몇 년 사이에 인조수염이 진짜 수염으로 바뀐 것이다. 그렇게 그는 남은 한 학기를 마치고 학교를 졸업했다.

졸업 후 어찌어찌하다가 연락이 끊겨 나는 그가 지금

어디에서 무슨 일을 하며 지내는지 모른다. 그는 아마도 삼십 대 중반이 되어 있을 것이다. 나는 S가 그 긴 방랑의 시간 동안 무엇을 보고, 무엇을 느꼈는지, 그리고 무엇을 깨달았는지 모른다. 그러나 나는 '진짜 자아'의 결단에 의해 스스로 '자발적 유목민'이 되었던 그의 청춘의 후반기를 아름답게 기억하고 싶다. 단 한 번이라도 스스로의 주인이 되어본 자는 '가짜 자아'에 함부로 자신을 내맡기지 않을 것임을 믿기 때문이다. 그의 말대로 세상은 얼마나 넓은가. 얼마나 다양한 가치들이 이 세상에 존재하는가. 통념의 잣대에 자신을 희생시키지 않는 청년의 기개는 얼마나 소중하고 아름다운가.

그는 지금쯤 '세상 속으로' 들어가 있을 것이고, 삶의 고비마다 그가 선택했던 유목의 시절을 회상할 것이다. 그는 세상이 하나의 길이 아니라 무수히 다양한 길과 골목으로 이루어져 있음을 누구보다 잘 알 것이다. 고난이 닥쳤을 때도 그것이 인생의 끝이 아님을 알 것이다. 길은 늘 다른 길로 이어지고, 그 길 위에 편차가 다양한 생애들이 저마다 간직한 고통과 환희, 피로와 위로를 그 길 위에 새기고 있음을 알고 있을 것이다. 그 어디에도 동일한 생은 없으며, 동일성의 원리로 다른 사람들의 삶을 함부로 재단해서는 안 된다는 생각을 가지고 있을 것이다. 무엇보다도 일탈의 삶이 가져다주는 공포와 기대, 불안과 자유를 그는 알 것이다. 그리하여 판에 박힌 일상 중에서도 S는 기이코 시간을 내어 이름 없는 포구를 헤매기도 할 것이다. 인생은 절대 행복이나 절대 불행이 아니며, 그저 저마다의 곡절을 안고 가는, 알 듯 모를 듯, 그러나 어떤 식으로든 '의미 있는' 유랑임을 잊지 않을 것이다.

유토피아의
힘

유토피아의 그리스어 어원은 '없는ou-' '장소toppos', 즉 '없는 곳no-place'이다. 실제로 존재하지 않으나 누구나 소망하는 상상의 공동체가 유토피아다. 인류는 유사 이래 늘 이 세상에는 '없는 곳'을 꿈꿔왔고, 그 '없는 곳'은 항상 이곳보다 더 '좋은eu-' '장소toppos', 즉 더 '좋은 곳good place'이었다. 이 세상에 없는, 더 좋은 곳을 꿈꾸는 것은 이곳이 무언가 부족한 곳, 결핍된 곳이라는 자각에서 비롯되는 것이다. 반反유토피아론자들은 '없는 곳'을 꿈꾼다는 점에서 유토피아 욕망을 헛되고 쓸모없는 망상으로 취급해왔다. 그러나 유토피아 욕망은 터무니없는 것이 아니다. 유토피아의 어머니는 '나쁜' 현실, '결핍'의 현실이다. 나쁜 현실 없이 좋은 현실에 대한 욕망은 생기지 않기 때문이다. 이런 의미에서 유토피아의 뿌리는 현실이다. 유토피아는 현실에 대한 '부정적'이고 '비판적'인 시각에서 생겨나는 것이다.

유토피아가 말 그대로 '이상적 세계'라면, 유토피아는 이상적이지 못한 현실을 되비추는 거울이다. 유토피아의 창으로 볼수록 현실은 더 볼품없어 보인다. 유토피아의 앵글로 들여다볼수록 현실은 고쳐야 할 것, 개선해야 할 것, 개혁해야 할 것들로 넘쳐난다. 현실이 어려울수록 유토피아에 대한 상상의 강도도 커진다. 영문학에 '전원시pastoral poetry'라는 장르가 있다. 전원시들은 대부분 이상적인 세계Arcadia와 그렇지 못한 현실의 대조로 이루어져 있다. 영국 르네상스 초기 시인인 스펜서Edmund Spenser의 「목동의 달력The Shepheardes Calendar」은 밀턴John Milton의 「리시다스Lycidas」와 더불어 영국 전원시의 대표작 중 하나다. 이 시는 '달력'이라는 제목에서 알 수 있듯이 일 년 열두 달 동안의 목동들의 삶을 재현하고 있다. 이 시는 목동들의 삶의 애환과 고통, 그리고 그들이 꿈꾸는 이상적인 세계를 나란히 그려낸다. 이 병치並置야말로 유토피아가 가진 '현실 인접성'을 그대로 보여주고 있다. 유토피아는 현실에 나란히 붙어서 현실을 비춰준다. 유토피아 없이 현실의 결핍은 드러나지 않는다.

따라서 유토피아는 현실을 더 나은 현실로 만드는 동력이다. 인류의 역사를 돌이켜보면 모든 현재는 과거의 유토피아였다. 예를 들어 노예제사회의 단계에서 볼 때 근대시민사회는 실현 불가능한 유토피아였다. 그러나 그것은 오랜 시간을 통해 성취되었다. 이런 점에서 유토피아는 현재에는 존재하지 않지만, 앞으로 존재할 그 무엇이다. 그것은 다가오는 현재다. 그러나 현실이 된 유토피아는 다시 결핍을 드러낸다. 왜냐하면 다른 유토피아가 결핍의 현실이 된 과거의 유토피아를 비추기 때문이다. 이런 점에서 인류의 역사는 유토피아가 실현되어온 역사이고, 유토피아가 사라진 역사이다. 유토피아는 항상 현실이 되고 현실 속에서 사라지며, 사라짐과 동시에 또 다른 유토피아를 만들어낸다. 이렇게 유토피아는 '없는 곳'이었다가 '있는 곳'이 되며, '있는 곳'이 되는 순간 다시 '없는 곳'으로 전화된다. 유토피아는 비현실⇒현실⇒비현실⇒∞의 끝없는 연쇄 안에 존재한다.

개인의 삶도 마찬가지다. 우리를 현실에 안주하지 않도록 하는 것은 바로 유토피아를 향한 욕망이다. 다 이룬 것 같았을 때 우리는 또 다른 좋은 것을 꿈꾼다. 마치 고원에서 잠시 머물던 유목민들이 다른 고원을 찾아 이동하는 것과 마찬가지다. 그러므로 모든 인간의 삶은 '노마드nomad', 즉 유목민의 삶이다. 평등하고도 자유로운 '개인'은 중세 이후 인류의 꿈이었다. 근대에 들어와 봉건시대에는 상상도 하지 못했던 자유롭고도 평등한 개인들이 탄생한다. 그들은 중세의 신분제에서 해방되었고, 천부의 인권을 주장했으며, 모든 형태의 부당한 억압과 차별에 저항했다. 그리하여 근대적인 의미의 개인주의individualism가 완성된다. 인류는 이를 마지막 최상의 성취일 것이라고 생각했다. 그러나 이 유토피아가 실현되는 순간, 결핍이 드러나기 시작한다. 개인의 자유와 프라이버시의 공간이 극대화된 대신 의리와 인정으로 뭉쳐진 공동체가 무너지기 시작했던 것이다. 현대인들은 이제 다시 상실된 공동체를 꿈꾸기 시작한다.

미국을 대표하는 문학평론가 중 한 사람인 프레드릭 제임슨Fredric Jameson은 1972년에 개봉해 최고의 화제작이 되었던 영화 「대부The Godfather」가 흥행한 이유를 '유토피아 욕망'에서 찾는다. 말론 브란도 주연의 이 영화는 범죄스릴러 영화다. 막말로 뒷골목 깡패들의 이야기인 것이다. 대부분 얌전하고 소심한 시민들인 미국 시민들은 왜 이 '깡패 영화'에 열광했을까. 그 이유는 가족도 아닌, 생판 남인 깡패들이 보여준 목숨을 건 의리와 헌신 때문이었다. 근대 개인주의는 개인과 가족 너머의 존재를 위한 그 어떤 희생에 대해 매우 인색하다. 개인주의는 중세 이후 인류의 꿈이었지만, 그 것은 이웃과 친구와 공동체로부터의 단절을 초래했다. 인류 는 자유롭고 평등한 개인들을 만들어내는 데 성공했지만, 근 대의 개인들은 가족 외에 그 누구도 사랑하지 않는 폐쇄적인 존재가 되었다. 그러나 영화 「대부」에서 마피아들은 죽음을 두려워하지 않고 동지를 위해 헌신하며, 의리를 최상의 가치 로 선보임으로써 왜소해질 대로 왜소해진 미국 시민들을 자 극했다. 관객들은 개인주의를 넘어서는, 의리와 헌신으로 똘 똘 뭉쳐진 '유토피아'를 놀랍게도 뒷골목 깡패들의 생활에서 발견하고 열광했던 것이다.

어려서부터 어떤 맥락에서 누가 한 지도 모른 채 귀가 따갑도록 들어온 말이 있다. 바로 "청년들이여, 야망을 가져 라Boys, be ambitious!"는 말이다. 여기에서 '야망'이란 단어는 매우 다양한 의미로 해석이 될 수 있을 것이다. 대체로 우리 는 미래에 대해 큰 꿈을 갖고 그것을 위해 노력하라는 의미 로 이 문장을 이해해왔던 것 같다. 그러나 사실을 알고보면 여기에서 말하는 야망은 세속적 성취와는 전혀 다른 의미다.

이 말은 1800년대 후반 미국의 화학자이자 생물학자로 유명했던 윌리엄 클라크William Smith Clark가 한 것이다. 그는 매사추세츠 농과대학의 총장이었으며, 메이지유신의 정신을 따라 일본 정부가 농업근대화의 일환으로 '삿포로 농과대학'을 세우기 위해 외국에서 불러들인 '외국인 자문'이었다. 그는 1876년 일본으로 건너가 '홋카이도대학'의 전신인 삿포로 농과대학을 설립하고 교육시스템을 만드는 데 결정적으로 기여했으며, 짧은 기간에 홋카이도섬의 과학기술과 경제발전을 위해 지대한 공헌을 했다. 그는 인격적으로도 매우 훌륭하여 짧은 기간에 일본인들의 열렬한 성원과 존경을 한 몸에 받았다. 그는 1877년 4월 16일, 일본을 떠나면서 학생들 앞에서 고별인사를 했는데, 그 인사 중 한마디가 바로 "청년들이여, 야망을 가져라"였다. 이 주문은 그 이후 일본 전역에서 일본인들의 정신적 모토가 된 것으로 유명하다. 이 말이 일본에서 가까운 한국에서 유행한 것도 아마 이런 정황의 결과였을 가능성이 크다.

그러나 클라크가 말했던 야망은 출세나 세속적 성공과는 전혀 다른 것이었다. 이 말이 들어간 문장 전체를 보면 그가 말하고자 했던 야망이 무엇인지 금방 드러난다. 그는 고별사에서 이렇게 말했다. "청년들이여 야망을 가져라. 돈이나 이기적인 출세, 사람들이 명성이라 부르는 덧없는 것을 위한 야망이 아니라, 인간이 당연히 되어야만 하는 모든 것_{all}

that a man ought to be 의 성취를 위한 야망을 가져라." 그는 '돈이나 이기적인 출세, 사람들이 명성이라 부르는 덧없는 것을 위한 야망'과 '인간이 당연히 되어야만 하는 모든 것의 성취를 위한 야망'을 구분했다. 전자는 매혹적이지만 성취하기 어렵기 때문에 우리를 끝없이 목마르게 한다. 그것은 오로지 경쟁에서의 승리와 우월성을 통해서 성취되는 것이며 배타적이고 독점적이다. 따라서 소수만이 성취할 수 있는 것이며, 그렇기 때문에 역설적이게도 다수가 꿈꾸는 것이다. 이에 반해 후자는 경쟁의 환경에서 벗어나 있다. 그것은 승리와 비교우위를 지향하지 않는다. 오직 '사람됨'만이 후자의 목표다. 그것은 타자와 경쟁하지도 않고 타자를 억압하지도, 지배하지도 않으며, 오로지 인간으로서 당연히 해야 할 것만을 목표로 삼는다. 이 두 가지를 우리는 모두 '유토피아 욕망'이라고 부를 수 있을 것이다. 전자는 사실상 90퍼센트의 패배자가 예정되어 있으나 제어하기 힘든 매력으로 사람들을 유혹한다. 사람들은 실패의 압도적인 가능성을 애써 무시하며 불나방처럼 전자로 달려간다. 따라서 전자는 '불온한' 유토피아 욕망이다. 그것은 소수에게는 이기적인 성취를, 다수에게는 열등감과 낭패감을 선사하는 모래 무덤이다. 후자는 겉으로 보기에 덜 매혹적이어서 상대적으로 사람들의 관심을

우리를 현실에 안주하지 않도록 하는 것은

바로 유토피아를 향한 욕망이다.

다 이룬 것 같았을 때

우리는 또 다른 좋은 것을 꿈꾼다.

끝지 못한다. 그러나 거기에는 경쟁 대신에 환대와 사랑이 있다. 그곳에서는 승리가 '능사'가 아니라, 더불어 사는 것이 능사다. 이런 점에서 후자는 '건강한'. 유토피아 욕망이다.

이 어느 곳에서도 궁극적인 성취나 완성이라는 것은 없다. 그래서 모든 욕구는 다른 욕망을 낳는 것이다. 그러나 결핍에 대한 자각이 부끄러움이나 열등감이 아닌, 사람을 더 사람답게 만드는 욕망으로 이어질 수도 있다. 그것은 바로 후자, '인간이 당연히 되어야만 하는 모든 것의 성취를 위한 야망'이다. 청년들이 이런 야망을 가질 때, 그들은 실패의 두려움에서 벗어나 환대와 사랑의 공동체를 꿈꾸게 될 것이다. 필요 없는 것을 더 이상 갈망하지 않을 것이며, 패배의 두려움을 가지고 무한경쟁의 전쟁터에 자신을 상품으로 내놓지도 않을 것이다. 그보다 더 중요한 가치들의 세계에서 '진짜 자아'의 실현을 꿈꿀 것이다. 그들의 가슴은 공포가 아닌 기대로 가득 찰 것이며, 자연스럽게 다른 '진짜 자아들'과 조금씩 연대해나갈 것이다. 개체의 완성은 배타성이 아니라 오로지 환대에 기초한 관계 속에서 이루어진다는 사실을 알기 때문이다. 이것이 진정한 유토피아의 힘이다.

에필로그

●
○

　많은 청년이 '무엇을 할 것인가'로 고민한다. 그러나 이 질문에 앞서 '어떻게 살 것인가'를 생각하지 않으면 안 된다. '어떻게'가 결정되지 않고 '무엇'을 찾을 수 없기 때문이다. '어떻게'가 정교하고도 깊게 다듬어지지 않으면 '무엇'은 오리무중이 되기 쉽다. 아직 '무엇'을 할지 잘 모르겠다면, '어떻게' 살지도 잘 모르고 있을 가능성이 높다. 나는 비교적 행운아여서 고등학생 때 이 질문과 우연히 마주쳤고, '어떻게'를 중심으로 '인생의 의미'와 심각하게 씨름했다. 이 싸움은 고통스러웠고 불안한 과정이었다. 현실적으로 많은 것을 잃었다. 내로라하는 '범생이'였던 나는 세상을 '삐딱하게' 보기 시작했고, 통념으로는 보이지 않던 세계가 사선斜線을 통해 보이기 시작했다. 나는 모든 형태의 규범이 영원불멸의 정당성을 갖는 것이 아님을 알게 됐고, 세상을 바라보는 다양한 시각이 있음을 실감했다. 규범이나 통념은 본질적인 것이 아니라 사회적이고 역사적인 구성물이며, 때로 시스템의 편리

한 유지와 관리를 위해 권장되거나 조장되는 것이기도 하다는 사실을 깨닫게 됐다.

대학에 들어와 인문학 중심의 독서를 하면서 이 사실을 더욱 뼈저리게 느꼈다. 이를테면 중고등학생 시절(박정희 시대) 교과서로 배운 '한국사', 특히 근현대사는 상당 부분 왜곡된 것임을 알게 됐고, 나도 모르게 제도권 학교에서 '학습'된 세계관을 버리느라 힘든 시간을 보냈다. 그때까지 가지고 있던 역사관은 '진짜 나'의 것이 아니라, 내 의지와 무관하게 특정한 집단의 사람들이 자신들의 이익을 위해 내 안에 심어놓은 것이었다. '그들'이 만든 '나쁜' 통념으로부터 '일탈'했을 때 세계는 전혀 다른 모습으로 다가왔다. 나는 왕조 중심의 역사 읽기를 거부했으며, 국어 교과서에 실린 문학작품들이 문학의 전부가 아님을 알게 됐다. 교과서에 실린 작품들은 거기에 실렸다고 해서 그 자체 '정전正典, canon'이 보장되는 것이 아니었으며, 특정 권력의 특정한 이해관계에 의한

'선택과 배제'의 결과라는 사실도 알게 됐다. 그리하여 이 세상엔 당연한 것이 하나도 없으며, '당연의 이데올로기'에서 벗어나 세상을 삐딱하게 볼 때, 그 '당연의 허구'가 드러난다는 사실을 깨닫게 되었다. 인문학의 힘은 바로 이 지치지 않는 질문의 정신, '개김'의 정신, 비판의 정신에 있다.

　'어떻게 살 것인가'라는 질문으로 돌아와 우리가 고려해야 할 것이 있다. '어떻게'의 기준은 그 질문의 주체인 '나'에 대한 올바른 이해에서 시작된다. 질문하는 주체가 자신을 잘 모를 때 제대로 된 답이 나올 리 만무하다. 모든 나는 '개체'이면서 동시에 '관계적' 존재임을 알아야만 한다. 모든 나는 말하자면 개체와 관계로 이루어진 '겹 존재double being '이다. 이 개체성과 관계성은 동전의 양면처럼 분리가 불가능한 것이다. 그중에 어떤 것만을 따로 떼어내서 사유한다면, 심각한 '오류'가 발생한다. '겹 존재'에 대한 사유는 따라서 항상 '겹 사유double thinking '가 되어야 한다. 본문에서도 이야기했지만, 개인 단위에서 선한 존재들이 사회 단위에서 얼마든지 악한 존재일 수 있다. 개인 단위에서의 윤리가 사회 단위에서의 윤리를 보장해주지 않는다는 것이다. 윤리는 개인 단위에서 출발하지만 사회 단위, 즉 관계의 층위에서 완성된다. 더 엄밀히 말하면 이 직선적인linear 순서는 옳지 않다. 윤리는 출발부터 개인과 사회라는 '겹 층위double level'에서 동시에 시작된다.

그러므로 '나'라는 존재를 제대로 알려면 바로 이 '겹 층위'에 있는 '겹 존재'를 '겹 사유'로 읽어내지 않으면 안 된다. 그러나 많은 사람이 '나'에 대해 사유할 때 '나'를 '관계'에서 분리시킨다. 이 관계적 상상력, 사회적 상상력의 죽음이 '나'에 대한 무수한 오해를 낳는다. 그리고 나쁜 시스템일수록 이런 식의 반쪽 사유를 유도하고 권장한다. 개인의 사유가 관계와 사회로 확장될 때, '나쁜' 시스템은 항상 혐의의 대상이 되고 저항의 대상이 되기 때문이다.

한때 '3S'라는 말이 유행했다. 이는 섹스sex, 스포츠sports, 스크린screen에 의한 전두환 정권의 우민정책이었다. 요즘은 대중문화가 갖고 있는 반反문화 혹은 '저항 문화counter culture'의 성격 때문에 이런 단순화는 극히 위험하다. 그러나 대중문화에 대한 무자비하고도 야만적인 검열과 통제를 일삼았던 과거 정권에서 '3S'는 개인들의 사회적, 정치적 상상력을 막는 유효한 도구들이었다. 3S에 마취된 '일차원적' 개인들은 사회적 상상력을 갖지 못했다. 3S정책과 같은 과정을 통해 개체의 감옥에 갇힌 수많은 우중愚衆이 생산될 때, 나쁜 시스템은 오래 지속되며 우리가 원하는 건전한 사회는 갈수록 요원해진다.

현재의 나는 이렇듯 개체로서의 나와 관계적 존재로서의 나의 '중층적重層的, overdetermined' 결과물이다. 그러므로 나의 모든 성취와 실패, 현재와 미래에 대한 사유는 이 '중층성'에서 시작되어야 한다. 그러려면 자신의 재능과 적성, 능력에 대한 정확한 이해와 더불어 나를 에워싸고 있는 이 관계의 연쇄, 즉 사회에 대한 이해가 동시에 이루어져야 한다. 그리고 이런 이해는 오로지 나와 세계를 정직하게, 고통스럽게 마주 보는 데서 시작된다. 값싼 힐링은 순간의 망각으로 우리를 위로하지만, 나와 세계의 본질에 대한 정확한 인식을 계속 지연시킴으로써 우리를 '무지'의 종합 세트에 머물게 한다. 무지의 종합 세트는 겉으로 보기에 화려하고 편한 공간이지만 '알짜'가 빠진 공간이며, 가짜 행복과 가짜 믿음을 생산하는 황량한 공장이다.

나를 찾으려면 반드시 경유해야 하는 통로가 있다. 그것은 바로 책 읽기이다. 우리는 경험을 통해 나와 세계를 인식하기도 하지만, 경험으로만 세계를 인지하기에 우리의 수명은 너무나 짧다. 세계의 다양한 분야에서 사유의 거인들이 우리보다 앞서 평생을 바쳐 고민하고 연구한 결과물을 모아 놓은 것이 바로 책이다. 우리는 책을 읽음으로써 거인이 되기 훨씬 이전에 거인들의 어깨에서 거인들의 시각으로 세계를 볼 수 있다. 이런 의미에서 나는 세상에 책보다 더 싼 물건은 없다고 생각한다. 시인들이 절망과 고뇌의 정점에서 한 방울, 한 방울 핏물처럼 써 내려간 시집의 평균가가 9,000원이다. 설렁탕 한 그릇 값이면 그들의 감성과 사유를 내 것으로 만들 수 있다. 이 시집을 독자들이 사 봐야 시인에게 돌아가는 인세는 정가의 10퍼센트, 900원에 불과하다. 독자들의 입장에서 볼 때, 거래로 치면 이보다 더 훌륭한 거래는 없다.

최근 구입한 프랑스 시인 폴 발레리Paul Valéry의 글 모음집은 256쪽에 달하는 영어판 원전이었음에도 불구하고 2만 300원에 불과했다. 나는 해외로 나가지도 않고 국내 서점을 통해 집에서 컴퓨터 자판을 몇 번 두드린 후 이 고상하고도 아름다운 시인의 세계를 내 서재로 옮길 수 있었다. 책 읽기는 또한 속도의 시대에 역행하는 지혜를 우리에게 가져다준다. 모든 지혜는 패스트푸드처럼 속성으로 절대 구해지

◂ **228**
▸ **229**

지 않는다. 우리는 책을 천천히 더디게 읽음slow reading 으로써 거인들이 어렵게 도달한 지혜를 우리의 것으로 내면화할 수 있다. 그들의 감성과 사상이 내 안에서 내면화될 때, 내가 변한다. 그리고 이 변화는 나도 천천히 거인의 반열에 오르고 있다는 증거이다.

이렇듯 자신과 세계를 충분히 알아갈 때, 우리는 규범이나 통념으로부터 자유로울 수 있다. 그리하여 '다른 집 애들처럼 살아가기'의 강박증에서 벗어날 때, 비로소 다른 사람도 아닌 '나'의 생이 시작된다. 이처럼 가짜 자아가 아닌 진짜 자아의 주인이 될 때 '어떻게'의 질문은 '무엇'의 질문으로 자연스럽게 연결된다. 그때 내가 무엇을 하든, 그것은 아무런 문제가 되지 않는다. '어떻게'에 대한 지혜로운 사유가 '무엇'하기의 당위성을 보장해주기 때문이다. 이렇게 해서 남의 눈치를 보지 않고 내 인생의 당당한 주인이 된다면, 가짜 힐링이 아닌 참 만족과 감사의 삶이 시작될 것이다. 그

개기는
인생도
괜찮다

생각의 끝에서 만일 신에 대한 사유까지 할 수 있다면, 그리고 피조물로서 나와 신과의 '관계'에 대한 사유까지 나아갈 수 있다면, 얼마나 다행일까.

여기서 이야기를 끝내고자 한다. 처음에는 청년들을 위한 인생 이야기로 시작했던 것이 우리 모두를 위한 이야기로 끝을 맺었다. 그럼에도 불구하고 이 책이 그동안 나와 정겨운 대화를 나눴던 수많은 청년과 더불어 시작됐다는 사실은 바뀌지 않는다. 지금 내 앞에는 여전히 십 대 후반, 이십 대의 청년들이 있고 졸업을 하고 학교를 떠나 이제 중년이 된 먼 옛날의 청년들도 있다. 나와 이야기를 나눠준 그들 모두에게 이 책을 빌려 고맙다는 인사를 전한다. 나도 당신들로부터 많은 것을 배웠다.

개기는 인생도 괜찮다

펴낸날	초판 1쇄 2017년 12월 15일
지은이	오민석
펴낸이	심만수
펴낸곳	(주)살림출판사
출판등록	1989년 11월 1일 제9-210호
주소	경기도 파주시 광인사길 30
전화	031-955-1350 팩스 031-624-1356
홈페이지	http://www.sallimbooks.com
이메일	book@sallimbooks.com
ISBN	978-89-522-3812-2 03160

※ 값은 뒤표지에 있습니다.
※ 잘못 만들어진 책은 구입하신 서점에서 바꾸어 드립니다.

이 도서의 국립중앙도서관 출판시도서목록(CIP)은 서지정보유통지원시스템 홈페이지
(http://seoji.nl.go.kr)와 국가자료공동목록시스템(http://www.nl.go.kr/kolisnet)에서
이용하실 수 있습니다.(CIP제어번호: CIP2017028513)

책임편집·교정교열 황민아